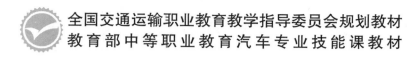

全国交通运输职业教育教学指导委员会规划教材
教育部中等职业教育汽车专业技能课教材

Qiche Cheshen Dianqi Xitong Chaizhuang

汽车车身电气系统拆装

全国交通运输职业教育教学指导委员会
中国汽车维修行业协会　组织编写

张　炜　主　编
蔡海涛　姜　琳　副主编

人民交通出版社股份有限公司
China Communications Press Co.,Ltd.

内 容 提 要

本书为全国交通运输职业教育教学指导委员会规划教材。全书共有5个项目:汽车电气连接器的拆装、汽车电气设备的拆装、汽车空调系统的拆装、汽车多媒体信息显示系统的拆装、汽车电子安全系统的拆装,共21个学习任务。

本书主要作为中等职业教育汽车车身修复专业教材使用,也可作为其他汽车类专业的教学参考资料。

图书在版编目(CIP)数据

汽车车身电气系统拆装/张炜主编. —北京:人民交通出版社股份有限公司,2017.3
全国交通运输职业教育教学指导委员会规划教材. 教育部中等职业教育汽车专业技能课教材
ISBN 978-7-114-12804-2

Ⅰ.①汽… Ⅱ.①张… Ⅲ.①汽车—车体—电气设备—高等职业教育—教材 Ⅳ.①U463.6

中国版本图书馆 CIP 数据核字(2016)第 025542 号

书　　名:	汽车车身电气系统拆装
著 作 者:	张　炜
责任编辑:	翁志新　李　良
出版发行:	人民交通出版社股份有限公司
地　　址:	(100011)北京市朝阳区安定门外外馆斜街3号
网　　址:	http://www.ccpress.com.cn
销售电话:	(010)59757973
总 经 销:	人民交通出版社股份有限公司发行部
经　　销:	各地新华书店
印　　刷:	北京市密东印刷有限公司
开　　本:	787×1092　1/16
印　　张:	15.25
字　　数:	350 千
版　　次:	2017年3月　第1版
印　　次:	2017年3月　第1次印刷
书　　号:	ISBN 978-7-114-12804-2
定　　价:	35.00 元

(有印刷、装订质量问题的图书由本公司负责调换)

编审委员会

主　　任：王怡民(浙江交通职业技术学院)
副 主 任：刘建平(广州市交通运输职业学校)　　杨经元(云南交通技师学院)
　　　　　赵　琳(北京交通运输职业学院)　　　张京伟(中国汽车维修行业协会)
　　　　　陈文华(浙江交通职业技术学院)　　　王凯明(中国汽车维修行业协会)
特邀专家：朱　军(中国汽车维修行业协会)　　　魏俊强(北京祥龙博瑞汽车服务有限公司)
　　　　　张小鹏(庞贝捷漆油(上海)有限公司)　刘　亮(麦特汽车服务股份有限公司)
委　　员：(按姓氏笔画排序)
　　　　　毛叔平(上海市南湖职业学校)　　　　王　健(贵阳市交通技工学校)
　　　　　王彦峰(北京交通运输职业学院)　　　王　强(贵州交通职业技术学院)
　　　　　占百春(苏州建设交通高等职业技术学校)　刘新江(四川交通运输职业学校)
　　　　　刘宣传(广州市公用事业技师学院)　　齐忠志(广州市交通运输职业学校)
　　　　　吕　琪(成都工业职业技术学院)　　　李　青(四川交通运输职业学校)
　　　　　李雪婷(成都汽车职业技术学校)　　　李春生(广西交通技师学院)
　　　　　李文慧(新疆交通职业技术学院)　　　李　晶(武汉市东西湖职业技术学校)
　　　　　陈　虹(浙江交通技师学院)　　　　　陈文均(贵州交通技师学院)
　　　　　陈社会(无锡汽车工程中等专业学校)　张　炜(青岛交通职业学校)
　　　　　杨永先(广东省交通运输高级技工学校)　杨承明(杭州技师学院)
　　　　　杨建良(苏州建设交通高等职业技术学校)　杨二杰(四川交通运输职业学校)
　　　　　陆松波(慈溪市锦堂高级职业中学)　　何向东(广东省清远市职业技术学校)
　　　　　邵伟军(杭州技师学院)　　　　　　　周志伟(深圳市宝安职业技术学校)
　　　　　林育彬(宁波市鄞州职业高级中学)　　易建红(武汉市交通学校)
　　　　　林治平(厦门工商旅游学校)　　　　　胡建富(浙江交通技师学院)
　　　　　赵俊山(济南第九职业中等专业学校)　赵　颖(北京交通运输职业学院)
　　　　　荆叶平(上海市交通学校)　　　　　　郭碧宝(广州市交通技师学院)
　　　　　姚秀驰(贵阳市交通技工学校)　　　　崔　丽(北京市丰台区职业教育中心学校)
　　　　　曾　丹(佛山市顺德区中等专业学校)　蒋红梅(重庆市立信职业教育中心)
　　　　　喻　媛(柳州市交通学校)
秘 书 组：李　斌　翁志斳　戴慧莉　刘　洋(人民交通出版社股份有限公司)

前言 Preface

为深入贯彻落实全国职业教育工作会议精神和《国务院关于加快发展现代职业教育的决定》，促进职业教育专业教学科学化、标准化、规范化，教育部组织制定了《中等职业学校专业教学标准（试行）》。全国交通运输职业教育教学指导委员会具体承担了汽车运用与维修（专业代码082500）、汽车车身修复（专业代码082600）、汽车美容与装潢（专业代码082700）、汽车整车与配件营销（专业代码082800）4个汽车类专业教学标准的制定工作。

根据教育部《关于中等职业教育专业技能课教材选题立项的函》（教职成司函【2012】95号）文件精神，人民交通出版社申报的上述4个汽车类专业技能课教材选题成功立项。

2014年10月，人民交通出版社联合全国交通运输职业教育教学指导委员会、中国汽车维修行业协会在北京召开了"教育部中等职业教育汽车专业技能课教材编写会"，并成立了由全国交通运输职业教育教学指导委员会领导、中国汽车维修行业协会领导、知名汽车维修专家及院校教师组成的教材编审委员会。会上，确定了4个汽车类专业34本教材的编写团队及编写大纲，正式启动了教材编写。

教材的组织编写，是以教育部组织制定的4个汽车类专业教学标准为基本依据进行的。教材从编写到成稿形成以下特色：

1．"五位一体"的编审团队。从组织编写之初，就本着"高起点、高标准、高要求"的原则，成立了由国内一流的院校、一流的教师、一流的专家、一流的企业、一流的出版社组成的五位一体的编审团队。

2．精品化的内容。编审团队认真总结了中职院校的优秀教学成果，结合了企业的职业岗位需求，吸收了发达国家的先进职教理念。教材文字精练、插图丰富，尤其是实操性的内容，配了大量实景照片。

3．理实一体的编写模式。教材理论内容浅显易懂，实操内容贴合生产一线，将知识传授、技能训练融为一体，体现"做中学、学中做"的职教思想。

4.覆盖全国的广泛适用性。本套教材充分考虑了全国各地院校的分布和实际情况,涉及的车型和设备具有代表性和普适性,能满足全国绝大多数中职院校的实际需求。

5.完善的配套。本套教材包含"思考与练习""技能考核标准",并配有电子课件和微视频,以达到巩固知识、强化技能、易教易学的目的。

《汽车车身电气系统拆装》是本套教材中的一本。本教材理实一体,图文并茂,便于实训。

本书由青岛交通职业学校的张炜担任主编,青岛交通职业学校的蔡海涛、姜琳担任副主编,参与编写的还有青岛交通职业学校王乐民、闫婷、李泳泉、丁文杰、张存、代卢喜、张硕天、郭智强。

限于编者水平,又是完全按照新的教学标准编写,书中难免有不当之处,敬请广大院校师生提出意见和建议,以便再版时完善。

编审委员会
2016 年 3 月

目录

项目一　汽车电气连接器的拆装 ……………………………………………………… 1
　　学习任务 1　汽车电气连接器的分解及连接 ……………………………………… 1
　　学习任务 2　汽车发动机高压线的拆装及更换 …………………………………… 12

项目二　汽车电气设备的拆装 …………………………………………………………… 19
　　学习任务 3　汽车蓄电池的拆装及更换 …………………………………………… 19
　　学习任务 4　汽车发动机电脑的拆装及更换 ……………………………………… 27
　　学习任务 5　汽车前照灯变光开关的拆装及更换 ………………………………… 36
　　学习任务 6　汽车前照灯总成的拆装及更换 ……………………………………… 47
　　学习任务 7　汽车后组合灯的拆装及更换 ………………………………………… 61
　　学习任务 8　汽车前排电动座椅的拆装及更换 …………………………………… 69
　　学习任务 9　汽车电动门锁的拆装及更换 ………………………………………… 84
　　学习任务 10　汽车电动车窗升降器总成的拆装及更换 …………………………… 94
　　学习任务 11　汽车电动后视镜的拆装及更换 ……………………………………… 103
　　学习任务 12　汽车电动刮水器总成拆装及其电动机的更换 ……………………… 112
　　学习任务 13　汽车风窗玻璃清洗器的拆装及其电动机的更换 …………………… 121

项目三　汽车空调系统的拆装 …………………………………………………………… 131
　　学习任务 14　汽车空调系统冷凝器的拆装及更换 ………………………………… 131
　　学习任务 15　汽车空调系统鼓风机总成的拆装及更换 …………………………… 148

项目四　汽车多媒体信息显示系统的拆装 ……………………………………………… 167
　　学习任务 16　汽车仪表总成的拆装及更换 ………………………………………… 167
　　学习任务 17　汽车导航及音响系统的拆装及更换 ………………………………… 175

项目五　汽车电子安全系统的拆装 ……………………………………………………… 184
　　学习任务 18　汽车倒车雷达及倒车影像系统的拆装及更换 ……………………… 184
　　学习任务 19　汽车安全气囊系统的拆装及更换 …………………………………… 192
　　学习任务 20　汽车预紧式安全带系统的拆装及更换 ……………………………… 205
　　学习任务 21　汽车防滑控制及制动器执行器的拆装及更换 ……………………… 220

参考文献 …………………………………………………………………………………… 236

项目一　汽车电气连接器的拆装

学习任务1　汽车电气连接器的分解及连接

学习目标

★ 知识目标

知道汽车插头式连接器和插座式连接器的结构及组成。

★ 技能目标

1. 会正确分解与连接汽车插头式连接器和插座式连接器；
2. 知道怎样拆装连接器上的端子。

建议课时

5课时。

任务描述

客户到4S店反映他的汽车发动机最近出现抖动熄火现象，经维修人员检查后确认是该车的电控发动机有一个汽缸的喷油器插头松动，导致该缸不能工作，需要对该插头进行正确连接。

一　理论知识准备

1　连接器的作用和类型

（1）作用。

插头式连接器和插座式连接器主要用于线束与线束之间、线束和零件之间的连接。

 小贴士

随着现代汽车的发展，汽车插头式连接器和插座式连接器的应用也越来越广泛，在汽车电器及汽车电子控制系统出现的故障中有很多是汽车电器连接器接触不良或连接器损坏而导致的故障。

（2）类型。

主要分为插头式连接器和插座式连接器。

①插头式连接器，见图1-1。

图1-1　插头式连接器

②插座式连接器，见图1-2。

图1-2　插座式连接器

 小贴士

通常汽车插头式连接器和插座式连接器是配对使用的，见图1-3。

项目一　汽车电气连接器的拆装

图 1-3　常见配对使用的插头式连接器和插座式连接器

② 连接器表（表 1-1）

连接器表　　　　　　　　　　　　　　　表 1-1

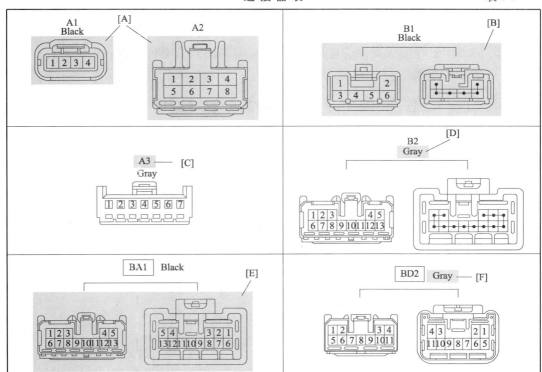

表1-1中,阴影区域的表示含义如下。

[A]表示连接到零件的连接器(数字表示引脚号);

[B]表示接线连接器,表示连接到短路端子的连接器,见图1-4;

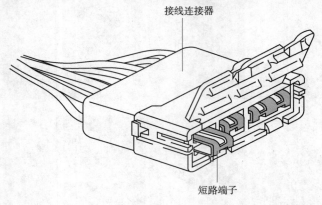

图1-4 连接到短路端子的连接器

安装短路端子时必须进行检查。

[C]表示零件代码,其第一个字母是零件的第一个字母,数字表示此零件在以相同字母开始的零件序列中的位置;

[D]表示连接器颜色,未标明颜色的连接器均为白色;

[E]表示用于连接线束的连接器的外形,左侧为阴连接器外形,右侧为阳连接器外形,数字为引脚号。

二 任务实施——汽车电气连接器的分解与连接

1 准备工作

(1)丰田卡罗拉轿车(或其他车型车辆)一辆。

(2)丰田卡罗拉轿车(或相应车型)维修手册一本。

(3)各种形式的插头式连接器和插座式连接器四套。

(4)拆装工具一套。

2 技术要求与注意事项

(1)分解连接器时,只能拉连接器自身,而非线束。

(2)分解连接器前,应先检查要断开的是哪类连接器。

3 操作步骤

1)插头式连接器和插座式连接器的分解

(1)首先用两手指用力压住连接器两端,使插头式和插座式连接器向内压紧,见图1-5。

项目一　汽车电气连接器的拆装

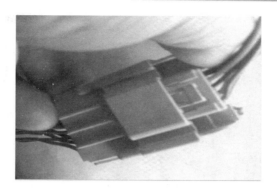

图1-5　用两手指用力压住连接器两端

压紧的目的是为了方便连接器能够顺利解锁。

（2）一只手用拇指玉住插座式连接器上的解锁锁止装置并拿住连接器，另一只手拿住插头式连接器，然后两只手同时先向内相互施加压力解开锁止装置，然后向外拔出插头，见图1-6。

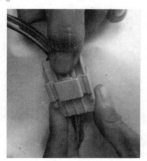 

图1-6　拇指压住连接器上的解锁锁止装置

（3）分解插头式连接器和插座式连接器，见图1-7。

连接器的锁止装置有两种形式，分别是按下、拉起，见图1-8。

2）插头式连接器和插座式连接器的连接

（1）先将连接器正确对接在一起，准备连接连接器，见图1-9。

插头式连接器和插座式连接器对接时，要注意安装标记。

  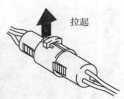 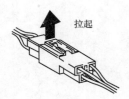

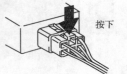 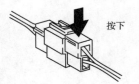

图1-7　已分解的连接器　　　　　　　　图1-8　连接器的锁止装置形式

图1-9　将连接器对在一起

（2）对准后先轻轻向里推连接器，同时检查插头式连接器和插座式连接器的连接是否正确，见图1-10。

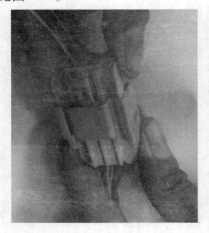 

图1-10　轻轻向里推连接器

（3）再次用力向里推连接器，确保插头式连接器和插座式连接器能够可靠连接，见图 1-11。

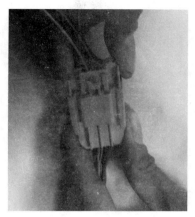

图 1-11　可靠连接连接器

三　学习拓展——更换带端子挡块或辅助锁止装置的端子

1　准备专用工具

从连接器上拆下端子时，请使用图 1-12 所示的专用工具或类似物品。

2　断开连接器

3　脱开辅助锁止装置或端子挡块（图 1-13）

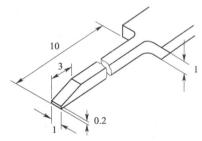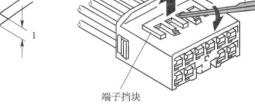

图 1-12　专用工具　　　图 1-13　脱开辅助锁止装置或端子挡块

（1）松开端子锁止夹或从连接器上拆下端子前，必须先脱开锁止装置。
（2）使用专用工具或端子螺丝刀解锁辅助锁止装置或端子挡块。

不要从连接器体上拆下端子挡块。

①非防水型连接器。

> 探针的插入位置根据连接器形状(端子数等)而改变,因此在插入前应先检查插入位置。

a. 范例一。
将端子挡块拉到暂时锁止位置,见图 1-14。

b. 范例二。
打开辅助锁止装置,见图 1-15、图 1-16。

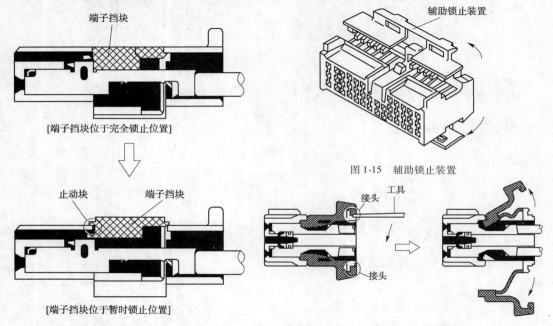

图 1-14 将端子挡块拉到暂时锁止位置

图 1-15 辅助锁止装置

图 1-16 打开辅助锁止装置

②防水型连接器,见图 1-17。

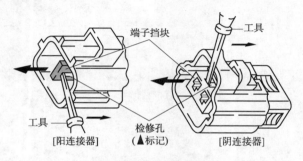

图 1-17 防水型连接器

端子挡块颜色根据连接器体颜色的不同而不同。

a. 范例一。

将端子挡块拉到暂时锁止位置(拉起型),然后将专用工具插入端子挡块检修孔(▲标记),并将端子挡块拉到暂时锁止位置,见图1-18。

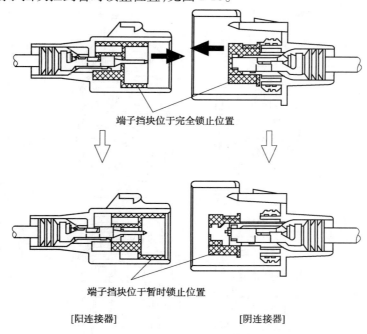

图1-18 将端子挡块拉到暂时锁止位置

探针插入位置根据连接器形状(端子数量等)而改变,因此在插入前应先检查插入位置。

b. 范例二。

首先将工具直接插入端子挡块的检修孔内,然后将端子挡块向下推到暂时锁止位置,见图1-19、图1-20。

(3)从端子松开锁止凸耳,并从后部拉出端子,见图1-21。

❹ 将端子安装到连接器上

(1)插入端子,见图1-22。

(2)将辅助锁止装置或端子挡块推至完全锁止位置,见图1-23。

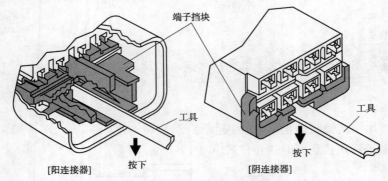

图 1-19 工具直接插入端子挡块的检修孔内

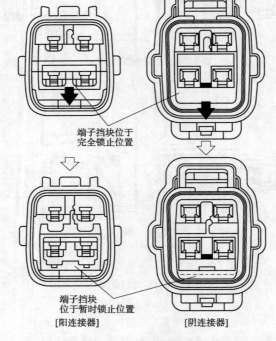

图 1-20 将端子挡块向下推到暂时锁止位置

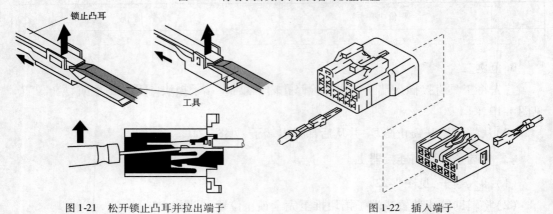

图 1-21 松开锁止凸耳并拉出端子　　　　图 1-22 插入端子

项目一　汽车电气连接器的拆装

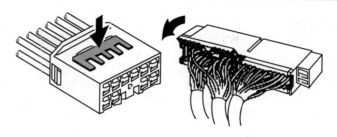

图 1-23　将辅助锁止装置或端子挡块推至完全锁止位置

❺ 连接连接器

四　评价与反馈

❶ 自我评价与反馈

（1）通过本学习任务的学习，你是否已经知道以下问题。

①连接器类型有哪些？

___

②插头式连接器和插座式连接器的作用是什么？

___

（2）连接器的拆装操作过程中用到了哪些工具？

___

（3）实训过程完成情况如何？

___

（4）通过本学习任务的学习，你认为自己的知识和技能还有哪些欠缺？

___

　　　　　　　　　　　签名：_____　　_____年____月____日

❷ 小组评价与反馈（表 1-2）

小组评价表　　　　　　　　　　表 1-2

序号	评价项目	评价情况
1	着装是否符合要求	
2	是否能合理规范地使用仪器和设备	
3	是否按照安全和规范的流程操作	
4	是否遵守学习、实训场地的规章制度	
5	是否能保持学习、实训场地整洁	
6	团结协作情况	

参与评价的同学签名：_____　　_____年____月____日

3 教师评价及反馈

_____

_____

教师签名：_____　　　　__年__月__日

五 技能考核标准（表1-3）

技能考核标准表　　　　　　　　　　　　　　表1-3

序号	项　　目	操 作 内 容	规定分	得分
1	插头式连接器和插座式连接器分解	两手指用力压住插头式和插座式连接器两端，向内压紧	10分	
		两只手同时先向内相互施加压力解开锁止装置，然后向外拔出插头	20分	
		分解开连接器	10分	
2	插头式连接器和插座式连接器连接	准备连接连接器	10分	
		对准连接器，检查插头式连接器和插座式连接器的连接是否正确	20分	
		可靠连接插头式连接器和插座式连接器	10分	
3	安全操作及工具使用	操作是否符合安全操作规程，工具使用是否规范	10分	
4	执行5S操作	是否按规范整理清洁场地	10分	
		总分	100分	

学习任务2　汽车发动机高压线的拆装及更换

 学习目标

 知识目标

知道汽车发动机高压线结构及组成。

★ 技能目标

1. 能正确地对汽车发动机高压线进行拆装与更换；
2. 知道判断汽车发动机高压线的故障及排除的方法与步骤。

★ 建议课时

3课时。

客户到4S店反映,他的爱车急速时发抖且有加速排气管放炮现象,检查高压火花,每缸都正常,没有发现断火现象,检查气门密封、配气相位、喷油嘴点火顺序都没有问题,最终维修人员确定是高压线漏电故障,现需要对该车发动机高压线进行拆装与更换。

一 理论知识准备

(1)汽车发动机高压线定义:给汽车发动机(汽油发动机)输送15000～30000V的高压电,在适当的时机给各个缸点火。由于一般导线绝缘程度不够,必须用一种特制的高压线,这就是汽车发动机高压线。

高压线主要负责发动机点火系统中高压电流的输送,高压电流一旦缺失,那么该汽缸就不能正常工作。

(2)发动机高压线外观,见图2-1。
(3)高压线的类型包括有阻型和无阻型。
(4)高压线绝缘材料绝缘系数要高。
(5)换高压线时,应遵循以下原则:

①原车用有阻型高压线的,一定要用与原车电阻相等(或略大)的高压线。如果用了无阻型高压线,则原高压系统容易损坏。

图2-1 发动机高压线

②原车用无阻型高压线的,可改用有阻型高压线,高压回路电阻的变化只是千分之几,所以对点火强度没有实际的影响。

二 任务实施——汽车发动机高压线的拆装与更换

1 准备工作

(1)丰田卡罗拉轿车(或其他车型车辆)一辆。
(2)丰田卡罗拉轿车(或相应车辆)维修手册一本。
(3)拆装工具一套。

2 技术要求与注意事项

(1)更换高压线时须关闭发动机。
(2)高压线总成在检测或更换时,应注意各组线的安装顺序,按长短一一对应替换,并保证每一个接头接触良好。

3 操作步骤

1)高压线的拆卸
(1)关闭点火开关。

（2）拔下高压线火花塞端插头，见图2-2。

小贴士

拔下高压线时，应该用手捏着高压线的橡胶套上端，向上拔起。注意不要硬拉高压线，以免把炭芯拉断。

（3）拔下分电器高压线端子插头，见图2-3（或拔下点火线圈高压线端子插头，见图2-4）。

图2-2　拔下高压线火花塞端插头

图2-3　拔下分电器高压线端子插头

2）高压线的安装

（1）更换高压线，把高压线插到火花塞上，用力插到底（应能听到一声脆响），使二者之间接触良好，见图2-5。

图2-4　拔下点火线圈高压线端子插头

图2-5　高压线插到火花塞上

（2）把高压线插到分电器盖上（或点火线圈高压线端子上），用力插到底使二者之间接触良好，见图2-6。

（3）起动发动机，验证高压线更换后发动机的工作情况。

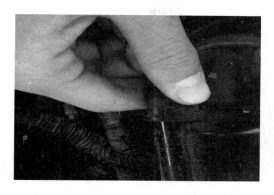

图2-6 高压线插到分电器盖上(或点火线圈高压线端子上)

(1)发动机在运行时,各缸高压线上会产生25000V以上的电压,请不要触及,以免触电。

(2)更换好后,起动发动机,急速运行30s无异常,方可行驶。

(3)高压线上不能有污垢,若有应立即清除,否则,可能产生漏电现象。

(4)每根高压线应用线夹固定,避免相互摩擦、碰触,尽量减少相互干扰。

(5)高压线安装时,严禁用力折叠,否则,会导致芯线折断或芯线阻值增大,使火花减弱。

三 学习拓展——更换火花塞

❶ 准备工作

准备好更换火花塞的工具:快速扳手和套筒,见图2-7。

❷ 技术要求与注意事项

(1)不使用不合规格的火花塞。

(2)切勿使污物进入火花塞孔。

(3)安装火花塞时,先用手指锁紧螺钉,以确保正确旋入。

(4)取下高压线时,要拉高高压线头部,而不要拉高高压线。

(5)火花塞可能非常热,小心不要使自己烧伤。

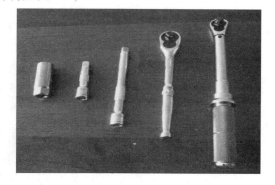

图2-7 更换火花塞所需工具

(6)火花塞必须要确实锁紧,但是不可过紧,过紧可能损坏汽缸头螺纹。

❸ 操作步骤

(1)拆开蓄电池负极连接,见图2-8。

(2)断开点火线圈连接器,见图2-9。

图2-8　拆开蓄电池负极连接

图2-9　断开点火线圈连接器

(3)拆卸点火线圈总成固定螺栓,见图2-10。

> **小贴士**
>
> 一定要用专用的火花塞套筒,否则会损坏火花塞的绝缘磁体,引起漏电。

(4)拔出高压线圈总成,见图2-11。

图2-10　拆卸点火线圈总成固定螺栓

图2-11　拔出高压线圈总成

(5)拆卸火花塞,用干净布盖住火花塞孔,见图2-12。
(6)检查火花塞。
(7)取下盖布,安装火花塞,见图2-13。

图2-12　拆卸火花塞

图2-13　安装火花塞

(8)紧固火花塞至规定的拧紧力矩,见图2-14。
(9)安装高压线圈总成,见图2-15。

项目一 汽车电气连接器的拆装

图2-14 紧固火花塞至规定力矩

图2-15 安装高压线圈总成

火花塞应该是平顺旋入的,如果旋入不平顺,需旋出后重新旋入,以保证火花塞螺纹与汽缸头正确吻合。

(10)连接点火线圈连接器,见图2-16。

(11)接上蓄电池负极连线,见图2-17。

图2-16 连接点火线圈连接器

图2-17 接上蓄电池负极

(12)起动发动机验证更换火花塞后发动机工作情况。

四 评价与反馈

1 自我评价与反馈

(1)通过本学习任务的学习,你是否已经知道以下问题。

①汽车发动机火花塞拆卸的注意事项有哪些?
___

②汽车高压线的作用是什么?
___

(2)汽车高压线拆装操作过程中用到了哪些工具?
___

(3)实训过程完成情况如何?
___

(4)通过本学习任务的学习,你认为自己的知识和技能还有哪些欠缺?
___

签名:_____   _____年___月___日

❷ 小组评价与反馈(表2-1)

小组评价表　　　　　　　　　　　表2-1

序号	评价项目	评价情况
1	着装是否符合要求	
2	是否能合理规范地使用仪器和设备	
3	是否按照安全和规范的流程操作	
4	是否遵守学习、实训场地的规章制度	
5	是否能保持学习、实训场地整洁	
6	团结协作情况	

参与评价的同学签名：_____　　　____年___月___日

❸ 教师评价及反馈

_____

_____

_____

教师签名：_____　　　____年___月___日

五 技能考核标准(表2-2)

技能考核标准表　　　　　　　　　　　表2-2

序号	项目	操作内容	规定分	得分
1	汽车高压线的拆卸	关闭点火开关	10分	
		拔下高压线火花塞端插头	20分	
		拔下分电器高压线端子插头(或拔下点火线圈高压线端子插头)	20分	
2	汽车高压线的更换	更换高压线,把高压线插到火花塞上,用力插到底	15分	
		把高压线插到分电器盖上(或点火线圈高压线端子上)	15分	
3	验证调整	起动发动机验证更换效果	10分	
4	安全操作及工具使用	操作是否符合安全操作规程,工具使用是否规范	5分	
5	执行5S操作	是否按规范整理清洁场地	5分	
		总分	100分	

项目二　汽车电气设备的拆装

学习任务3　汽车蓄电池的拆装及更换

学习目标

★ **知识目标**

知道汽车蓄电池的结构及组成。

★ **技能目标**

1. 会正确地拆装与更换汽车蓄电池；
2. 知道蓄电池的维护及充电方法。

建议课时

3课时。

任务描述

一位车主的车辆无法起动，经维修人员检查后发现是蓄电池损坏所致，现需要维修人员对汽车蓄电池进行拆装与更换。

一　理论知识准备

1 蓄电池的组成

蓄电池由加液孔盖、正极柱、负极柱、上盖、外壳、联条、汇流条、正极板、负极板、隔板、电解液等组成，见图3-1。

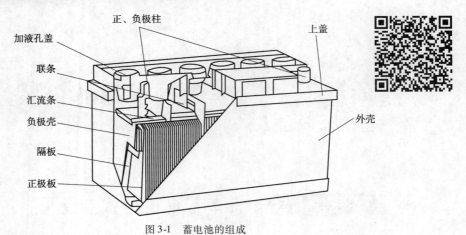

图 3-1 蓄电池的组成

❷ 常见蓄电池的类型

（1）传统的铅酸蓄电池，见图 3-2。

（2）免维护蓄电池，见图 3-3。

图 3-2 铅酸蓄电池

图 3-3 免维护蓄电池

❸ 蓄电池的功用

（1）起动发动机时，蓄电池向起动系和点火系供电。

（2）当发动机低速运转，发电机电压低于蓄电池的充电电压时，由蓄电池向用电设备供电。

（3）当发动机中、高速运转，发电机电压高于蓄电池的充电电压时，蓄电池将发电机的剩余电能储存起来。

（4）当发电机过载时，蓄电池协助发电机向用电设备供电。

（5）蓄电池还可以吸收电路中的瞬时过电压，保持汽车电气系统电压的稳定，保护电子元件。

❹ 蓄电池的工作原理

蓄电池充放电过程（即它的工作过程）是化学能与电能相互转化的过程：当蓄电池向外供电时，将化学能转化为电能；而当蓄电池与外部直流电源相连进行充电时，将电能转化为化学能,见图3-4。

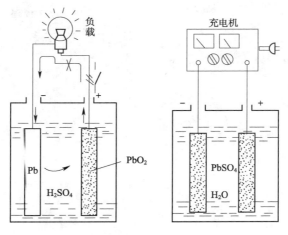

图3-4 蓄电池的工作原理

二 任务实施——汽车蓄电池的拆装与更换

❶ 准备工作

(1)丰田卡罗拉轿车(或其他车型车辆)一辆。
(2)与车型配套蓄电池一个。
(3)丰田卡罗拉轿车(或相应车辆)维修手册一本。
(4)拆装工具一套。

❷ 技术要求与注意事项

(1)蓄电池中含有有毒性和腐蚀性物质。
(2)切勿俯身于蓄电池表面。
(3)如果蓄电池电解液接触到皮肤或眼睛,应立即用清水清洗并到医院就诊。
(4)电解液不足时,应添加蒸馏水。

❸ 操作步骤

(1)从车身拆下蓄电池。
①首先关闭点火开关。
②先拆下蓄电池的负极电缆,见图3-5;再拆下蓄电池的正极电缆,见图3-6。
③拆下蓄电池压板,见图3-7。
④从支架取出蓄电池,见图3-8。
(2)将蓄电池安装到车身上。
①将蓄电池放入安装架内,见图3-9。
②装上蓄电池压板,见图3-10。
③安装电缆前,在电缆上涂少量的耐酸油脂。
④先连接蓄电池正极电缆,见图3-11;再连接蓄电池负极电缆,见图3-12。

图 3-5　拆下蓄电池的负极电缆

图 3-6　拆下蓄电池的正极电缆

图 3-7　拆下蓄电池压板

图 3-8　从支架取出蓄电池

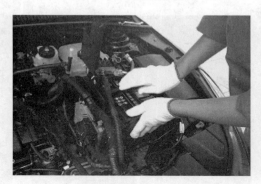

图 3-9　蓄电池放入安装架内

图 3-10　装上蓄电池压板

图 3-11　装上蓄电池的正极电缆

图 3-12　装上蓄电池的负极电缆

(1)若发现蓄电池接线柱螺栓锈蚀或有结晶物难以取出,切莫用手锤或钳子敲打,以免极柱断裂,极板活性物质脱落。

(2)当蓄电池接线柱螺栓锈蚀或有结晶物时,应先用热水冲洗结晶物,再用螺栓松动剂去除螺栓锈蚀,即可拧开螺栓。

(3)取下蓄电池时应小心轻放,避免撞击损坏。

三 学习拓展——蓄电池的维护及充电

❶ 准备工作

(1)蓄电池1个。

(2)充电机1台、万用表1个、电解液比重计1个、抹布若干、蒸馏水1桶。

❷ 技术要求与注意事项

(1)实验操作时注意电解液切勿损伤自己和他人的眼睛、皮肤和衣物,调节电流时注意避免出现火花。

(2)准备一盆小苏打水及大量清水(最好在充电工位附近设置水龙头)。

❸ 操作步骤

(1)检查汽车蓄电池。

①检测蓄电池电解液位,应位于最高液位与最低液位中间,见图3-13。

②检查蓄电池外部状况,外壳有无破损,通风孔有无阻塞,见图3-14。

图3-13 检查蓄电池电解液位

图3-14 检查蓄电池外部状况

③检查蓄电池电解液相对密度,应不低于1.26,见图3-15。

④检查蓄电池电压,应不低于11.5V,见图3-16。

(2)蓄电池充电。

①连接充电机充电电缆到蓄电池正、负极上,接通充电机交流电源,见图3-17。

②确定充电机充电方式并检查充电电流调节旋钮是否调在最小处,见图3-18。

图3-15 检查蓄电池电解液相对密度

图3-16 检查蓄电池电压

图3-17 连接充电机电缆到蓄电池上

图3-18 检查充电电流调节旋钮是否调在最小处

③打开充电机电源开关并调节充电机充电电流为蓄电池额定容量的十分之一（补充充电），见图3-19。

图3-19 充电电流为蓄电池额定容量的十分之一

④待电解液开始剧烈冒气泡或发热较严重时（大约需10小时左右），将充电电流减小一半。

⑤等到电解液再次剧烈沸腾或发热较严重时，停止充电。

⑥关闭充电机电源开关，断开充电机电源，单手取下充电机正负充电电缆。

⑦拧上加液孔盖并用温水或清水清洁蓄电池，晾干蓄电池等待装车使用。

四 评价与反馈

1 自我评价与反馈

（1）通过本学习任务的学习，你是否已经知道以下问题。

①蓄电池类型有哪些？

②蓄电池的作用是什么?
_____

(2)蓄电池的拆装操作过程中用到了哪些工具?
_____

(3)实训过程完成情况如何?
_____

(4)通过本任务的学习,你认为自己的知识和技能还有哪些欠缺?
_____

签名:_____　　　____年___月___日

❷ **小组评价与反馈**(表3-1)

小组评价表　　　　　　　　表3-1

序号	评价项目	评价情况
1	着装是否符合要求	
2	是否能合理规范地使用仪器和设备	
3	是否按照安全和规范的流程操作	
4	是否遵守学习、实训场地的规章制度	
5	是否能保持学习、实训场地整洁	
6	团结协作情况	

参与评价的同学签名:_____　　____年___月___日

❸ **教师评价及反馈**

_____

_____

教师签名:_____　　　____年___月___日

五 技能考核标准(表3-2)

技能考核标准表　　　　　　　　表3-2

序号	项目	操作内容	规定分	得分
1	汽车蓄电池拆装与更换	记录蓄电池型号信息	5分	
		关闭点火开关	5分	
		拆下蓄电池的负极电缆	5分	
		拆下蓄电池的正极电缆	5分	
		拆下蓄电池压板	5分	
		从支架取出蓄电池	5分	

续上表

序号	项目	操作内容	规定分	得分
1	汽车蓄电池拆装与更换	将蓄电池放入支架内	5分	
		装上蓄电池压板	5分	
		安装电缆前,在电缆上涂少量的耐酸油脂	5分	
		连接蓄电池正极电缆	5分	
		连接蓄电池负极电缆	5分	
2	汽车蓄电池检查与充电	检测蓄电池电解液位	5分	
		检查蓄电池外部状况	3分	
		检查蓄电池电解液相对密度	3分	
		检查蓄电池电压	3分	
3	汽车蓄电池检查与充电	连接充电机充电电缆到蓄电池正、负极上,接通充电机交流电源	3分	
		确定充电机充电方式并检查充电电流调节旋钮是否调在最小处	3分	
		打开充电机电源开关并调节充电机充电电流为蓄电池额定容量的十分之一	3分	
		待电解液开始剧烈冒气泡或发热较严重时,将充电电流减小一半	3分	
		等到电解液再次剧烈沸腾或发热较严重时,停止充电	3分	
		关闭充电机电源开关,断开充电机电源,单手取下充电机正、负充电电缆	3分	
		拧上加液孔盖并用温水或清水清洁蓄电池,晾干蓄电池等待装车使用	3分	
4	安全操作及工具使用	操作是否符合安全操作规程,工具使用是否规范	5分	
5	执行5S操作	是否按规范整理清洁场地	5分	
		总分	100分	

学习任务4　汽车发动机电脑的拆装及更换

 学习目标

★ **知识目标**

知道汽车发动机电脑(ECU)的结构及组成。

★ **技能目标**

1. 会拆装及更换汽车发动机电脑；
2. 知道发动机(电脑)ECM不工作的故障诊断与排除步骤；
3. 掌握初始化操作。

 建议课时

3课时。

 任务描述

某汽车的发动机出现抖动现象,初步检查为缺缸,但在更换火花塞、缸线后故障依旧,经修理人员再次检查,发现电脑控制线路存在短路,判断故障为电脑损坏,需更换汽车发动机电脑。

一　理论知识准备

❶ 汽车发动机电脑的组成

电控单元由 ECU、输入、输出及控制电路等组成。

❷ 汽车发动机电脑的作用

发动机在运行时,它采集各传感器的信号,进行运算,并将运算的结果转变为控制信号,控制被控对象的工作。它还实行对存储器(ROM、RAM)、输入/输出接口(I/O)和其他外部电路的控制;存储器 ROM 中存放的程序是经过精确计算和大量实验获取的数据为基础,这个固有程序在发动机工作时,不断地与采集来的各传感器的信号进行比较和计算。把比较和计算的结果运算后,控制发动机的点火、空燃比、怠速、废气再循环等多项参数。它还有故障自诊断和保护功能,当系统产生故障时,它还能在 RAM 中自动记录故障代码并采用保护措施从上述的固有程序中读取替代程序来维持发动机的运转,使汽车能开到修理厂。

二 任务实施——汽车发动机电脑的拆装及更换

1 准备工作

(1)丰田卡罗拉轿车(或其他车型车辆)一辆。
(2)丰田卡罗拉轿车(或相应车辆)维修手册一本。
(3)拆装工具一套。

2 技术要求与注意事项

(1)拆卸负极电缆时,若电缆断开,则在重新连接电缆后需要对某些系统进行初始化。
(2)断开连接器后确保没有污物、水或其他异物接触到连接器的连接部位。

3 操作步骤

1)汽车发动机电脑的拆卸
(1)断开蓄电池负极端子上的电缆,见图4-1。
(2)拆卸发动机罩。
①握住罩的后端并提起,以脱开罩后端的2个卡子,见图4-2。

图4-1 断开蓄电池负极端子上的电缆

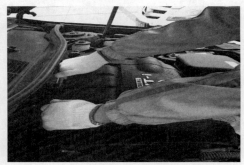

图4-2 脱开罩后端的2个卡子

②继续握住罩的前端并提起,以脱开罩前端的2个卡子,见图4-3。
③拆下发动机罩,见图4-4。

图4-3 脱开罩前端的2个卡子

图4-4 拆下发动机罩

 小贴士

同时脱开前后卡子可能会使发动机罩破裂。

(3) 拆卸空气滤清器盖分总成。

①断开质量空气流量计连接器，见图4-5。

②松开卡箍后断开通风软管，见图4-6；拆下空气滤清器盖分总成，见图4-7。

(4) 拆卸空气滤清器壳，见图4-8。

图4-5　断开质量空气流量计连接器

图4-6　松开卡箍后断开通风软管

图4-7　拆下空气滤清器盖分总成

图4-8　拆卸空气滤清器壳

(5) 拆卸ECM。

①断开2个ECM连接器。在按下杆上的锁的同时，提升2个杆并断开2个ECM连接器，见图4-9。

 小贴士

断开连接器后确保没有污物、水或其他异物接触到连接器的连接部位。

②拆下2个螺栓和ECM，见图4-10。

③从ECM上拆下4个螺钉和2个ECM支架，见图4-11。

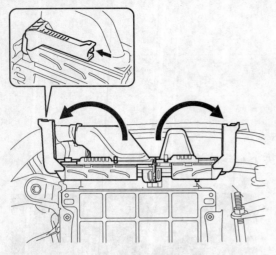

图 4-9 断开 2 个 ECM 连接器

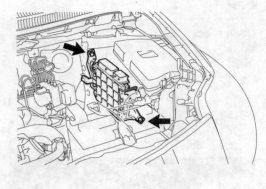

图 4-10 拆下 2 个螺栓和 ECM

2) 汽车发动机电脑的安装

(1) 安装 ECM。

① 用 4 个螺钉将 2 个 ECM 支架安装至 ECM,见图 4-12。

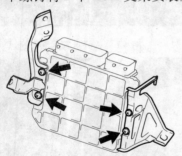

图 4-11 从 ECM 上拆下 4 个螺钉
和 2 个 ECM 支架

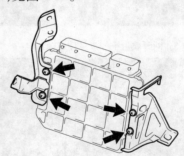

图 4-12 安装 2 个 ECM 支架至 ECM

② 用 2 个螺栓安装 ECM,见图 4-13。

③ 连接 2 个 ECM 连接器,见图 4-14;连接 2 个 ECM 连接器并降低 2 个杆。

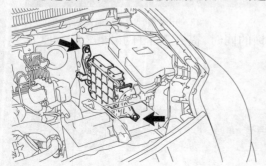

图 4-13 用 2 个螺栓安装 ECM

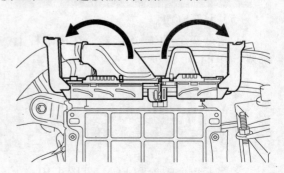

图 4-14 连接 2 个 ECM 连接器

小贴士

（1）连接连接器时，确保连接器和其他零件间没有污物、水或其他异物。

（2）确保稳固降低2个杆。

（2）安装空气滤清器壳。

①安装空气滤清器壳，见图4-15。

②安装空气滤清器滤芯，见图4-16。

图4-15　安装空气滤清器壳　　　　　　　图4-16　安装空气滤清器滤芯

（3）安装空气滤清器盖分总成。

①连接通风软管至空气滤清器壳，见图4-17。

②用卡箍紧固连接通风软管，见图4-18。

图4-17　连接通风软管　　　　　　　图4-18　用卡箍紧固连接通风软管

③连接质量空气流量计连接器，见图4-19。

（4）安装发动机罩。

接合4个卡子，以安装发动机罩，见图4-20。

小贴士

①一定要牢固地接合卡子。

②不要施加过大的力或敲击发动机罩以接合卡子，这可能会导致发动机罩破裂。

图 4-19　连接质量空气流量计连接器

图 4-20　安装发动机罩

（5）将电缆连接到蓄电池负极端子上，见图 4-21。

图 4-21　将电缆连接到蓄电池负极端子上

若电缆断开，则重新连接电缆后需要对某些系统进行初始化。

（6）注册停机系统通信 ID。

如果 ECM 已更换，则注册停机系统的 ECM 通信 ID。

（7）进行初始化。

如果 ECM 已更换，则需要执行某些程序。

项目二 汽车电气设备的拆装

三 学习拓展——1ZR—FE 发动机 ECM 不工作的故障诊断与排除

❶ 准备专用工具

数字万用表一只、汽车发动机防护三件套一套、通用工具一套。

❷ 1ZR-FE 发动机 ECM 不工作的原因

BATT、+BM、IGSW、+B、+B2 等接柱电源电压不正常,见图 4-22 和图 4-23,ECM 损坏。

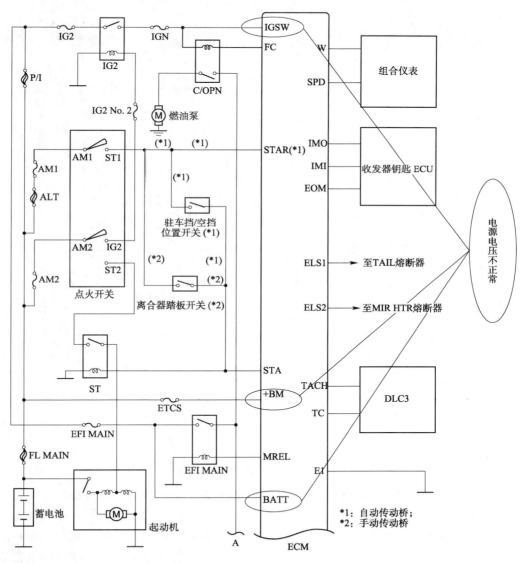

图 4-22　1ZR—FE 发动机控制系统电路图(1)

❸ 诊断流程

(1)点火开关从"OFF"挡拧到"ON"挡,观察发动机故障灯是否点亮、油泵是否工作。

如果故障灯点亮说明发动机 ECM 的 +BM、IGSW 电路正常。如果不工作,则检查 +BM、IGSW 等两个接脚的相关电路。

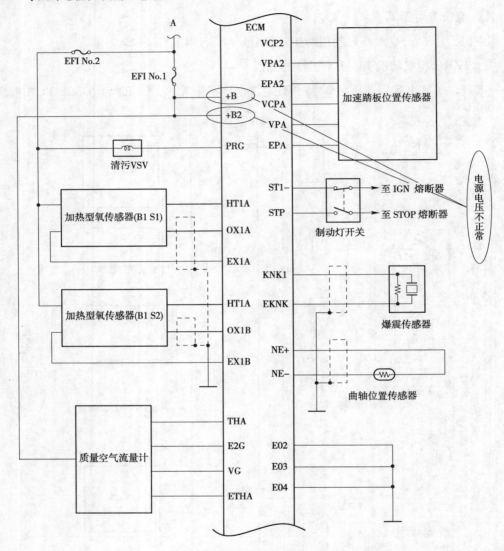

图 4-23　1ZR—FE 发动机控制系统电路图(2)

(2)点火开关从"OFF"挡拧到"ON"挡,如果油泵未工作。检查主继电器触点电源电路是否正常,不正常则检查相关电路。

(3)检查主继电器线圈的电源是否正常,不正常则检查发动机 ECM 的 MREL 接柱的输出电压是否正常。输出正常则说明发动机 ECM 的 MREL 接柱到主继电器线圈电路故障。发动机 ECM 的 MREL 接柱电压输出不正常,说明发动机 ECM 损坏。

(4)以上都正常,如果 +B、+B2 电源电压不正常,则检查主继电器是否损坏及主继电器输出触点到发动机 ECM +B、+B2 的相关电路。

 小贴士

(1) 必须使用高阻抗的万用表,低阻抗的万用表会损坏ECM。
(2) 在点火开关处于开启(ON)位置时,蓄电池电压应不低于11V,过低的电压会影响到测量结果。
(3) 在检修过程中,不可用火线刮火。
(4) 电源正负极不能装反。

四 评价与反馈

❶ 自我评价与反馈

(1) 汽车发动机电脑的作用是什么?

(2) 汽车发动机电脑的拆装操作过程中用到了哪些设备?

(3) 实训过程完成情况如何?

(4) 通过本任务的学习,你认为自己的知识和技能还有哪些欠缺?

签名:＿＿＿＿＿　　　＿＿＿年＿＿月＿＿日

❷ 小组评价与反馈(表4-1)

小组评价表　　　　　　　　　表4-1

序号	评价项目	评价情况
1	着装是否符合要求	
2	是否能合理规范地使用仪器和设备	
3	是否按照安全和规范的流程操作	
4	是否遵守学习、实训场地的规章制度	
5	是否能保持学习、实训场地整洁	
6	团结协作情况	

参与评价的同学签名:＿＿＿＿＿＿＿＿＿＿＿　　＿＿＿年＿＿月＿＿日

❸ 教师评价及反馈

教师签名:＿＿＿＿＿　　　＿＿＿年＿＿月＿＿日

五、技能考核标准（表4-2）

技能考核标准表　　　　　　　　　表 4-2

序号	项　目	操 作 内 容	规定分	得分
1	汽车 ECM 的拆卸	记录车辆铭牌信息，做好防护工作	5分	
		从蓄电池负极端子断开电缆	5分	
		拆卸发动机罩	5分	
		拆卸空气滤清器盖分总成	10分	
		拆卸空气滤清器壳	10分	
		拆卸 ECM	10分	
2	汽车 ECM 的安装	安装 ECM	10分	
		安装空气滤清器壳	5分	
		安装空气滤清器盖分总成	5分	
		安装发动机罩	5分	
		将电缆连接到蓄电池负极端子	5分	
		注册停机系统通信 ID	5分	
		进行初始化	5分	
		检查 ECM 工作情况	5分	
3	安全操作及工具使用	操作是否符合安全操作规程，工具使用是否规范	5分	
4	执行5S 操作	是否按规范整理清洁场地	5分	
		总分	100分	

学习任务5　汽车前照灯变光开关的拆装及更换

学习目标

 知识目标

知道汽车前照灯变光开关的结构。

 技能目标

1. 会正确拆装与更换汽车前照灯变光开关；
2. 知道怎样检查前照灯变光开关。

建议课时

6课时。

任务描述

4S店接到一辆丰田卡罗拉轿车,客户反映在夜间行车时,打开灯光开关,远光亮,近光不亮。经过维修人员检查,排除灯泡以及线路故障等原因后,确认是由于汽车前照灯变光开关老化导致车辆出现故障,现需要拆装及更换汽车前照灯变光开关。

一 理论知识准备

1 汽车前照灯变光开关的组成

汽车前照灯变光开关也称组合开关。它通常为手柄式,安装在转向盘下的转向柱上,以便于驾驶员操作,转向柱的右侧开关是照明开关,拧一个行程是小灯,拧两个行程是近光,在原始状态下压是远光,在原始状态上抬是瞬间远光(超车灯或者叫警示灯),转向柱的左侧开关是刮水器开关。

2 汽车前照灯变光开关的作用

前照灯远、近光变光,控制汽车照明灯开、关及其他附辅助装置的开、关。

二 任务实施——汽车前照灯变光开关的拆装及更换

1 准备工作

(1)丰田卡罗拉轿车(或其他车型车辆)一辆。
(2)丰田卡罗拉轿车(或相应车型)维修手册一本。
(3)拆装工具一套。

2 技术要求与注意事项

(1)断开连接器时,只能拉连接器自身,而非线束。
(2)使用指定或推荐的工具和维修方法,在开始操作前要确保维修技术人员的安全,并确定不会造成人员伤害或客户车辆损坏。
(3)如果需要更换零件,则必须换上具有相同零件号的零件或相当的零件,切不可采用劣质零件。

3 操作步骤

1)汽车前照灯变光开关的拆卸
(1)定位前轮,使其面向正前位置。
(2)从蓄电池负极端子断开电缆。

> 小贴士
>
> ①断开电缆后等待90s,以防止气囊展开。
> ②断开蓄电池电缆后重新连接时,某些系统需要初始化。

汽车车身电气系统拆装

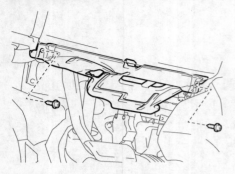

（3）拆卸仪表板1号底罩分总成。

①拆下仪表板2个固定螺钉，见图5-1。

②脱开卡爪，见图5-2。

③脱开导销，并拆下仪表板1号底罩分总成，见图5-3。

（4）拆卸仪表板下装饰板分总成。

（5）拆卸转向盘3号下盖，见图5-4。

（6）拆卸转向盘下盖，见图5-5。

（7）拆卸转向盘装饰盖。

图5-1 拆下仪表板2个固定螺钉

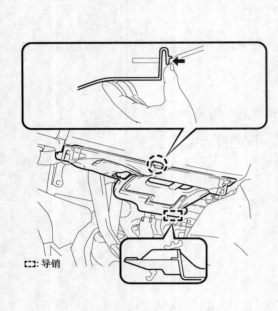

图5-2 脱开卡爪

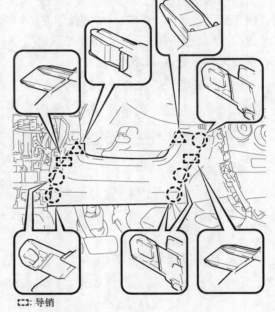

图5-3 脱开导销，并拆下仪表板1号底罩分总成

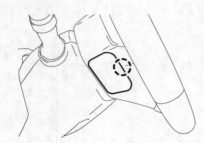

图5-4 拆卸转向盘3号下盖

图5-5 拆卸转向盘下盖、转向盘装饰盖

（8）拆卸转向盘总成。

①拆下转向盘总成固定螺母，见图5-6。

②在转向盘总成和转向主轴上做装配标记，见图5-6。

③将连接器从螺旋电缆上断开。

④使用 SST 拆下转向盘总成,见图 5-7。

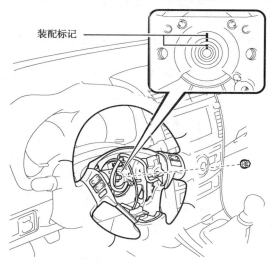

图 5-6　拆下转向盘总成固定螺母、在转向盘总成和转向主轴上做装配标记

图 5-7　使用 SST 拆下转向盘总成

 小贴士

使用前,在 SST(09953-05020)的螺纹和顶部涂抹一层润滑脂。

⑤拆卸转向盘总成。

(9)拆卸下转向柱罩,见图 5-8 ~ 图 5-10。

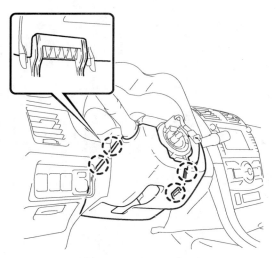

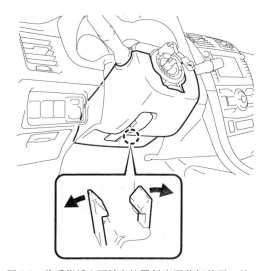

图 5-8　拉动下转向柱罩的左右两侧,并脱开 4 个卡爪

图 5-9　将手指插入下转向柱罩斜度调节杆的开口处以脱开卡爪

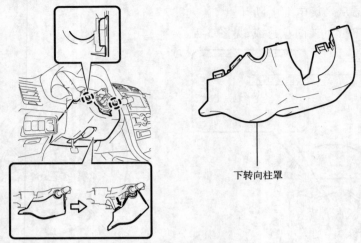

图5-10 转动下转向柱罩以脱开2个卡爪并拆下下转向柱罩

(10) 拆卸上转向柱罩,见图5-11。

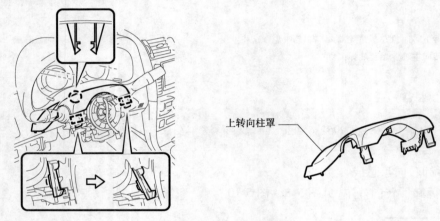

图5-11 拆卸上转向柱罩

(11) 拆卸带转向角传感器的螺旋电缆。

① 从带转向角传感器的螺旋电缆上断开连接器。

小贴士

处理气囊连接器时,小心不要损坏气囊线束。

② 脱开3个卡爪,并拆下带转向角传感器的螺旋电缆,见图5-12。

(12) 拆卸风窗玻璃刮水器开关总成,见图5-13。

(13) 拆卸前照灯变光开关总成。

① 断开连接器。

② 脱开卡夹,见图5-14。

③ 脱开卡爪,拆下前照灯变光开关总成,见图5-15。

项目二 汽车电气设备的拆装

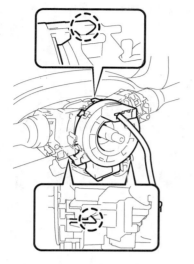

图 5-12 拆卸带转向角传感器的螺旋电缆

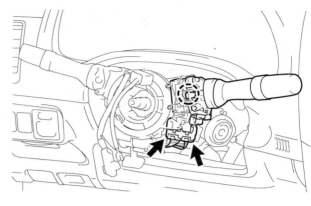

图 5-13 拆卸风窗玻璃刮水器开关总成

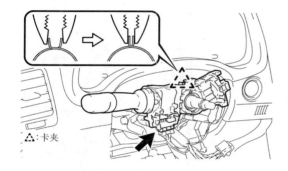

图 5-14 脱开卡夹

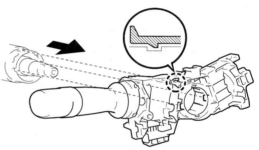

图 5-15 脱开卡爪,拆下前照灯变光开关总成

2）汽车前照灯变光开关的安装

（1）安装前照灯变光开关总成。

①在松开卡夹的同时接合卡爪,见图 5-16。

②用卡夹安装前照灯变光开关总成,见图 5-17。

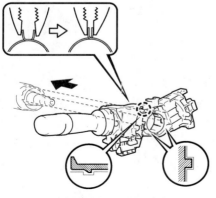

图 5-16 在松开卡夹的同时接合卡爪

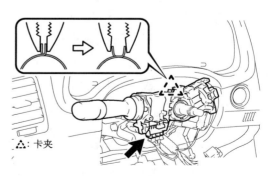

图 5-17 用卡夹安装前照灯变光开关总成

③连接连接器。

(2) 安装风窗玻璃刮水器开关总成,见图5-18。

(3) 安装带转向角传感器的螺旋电缆,见图5-19。

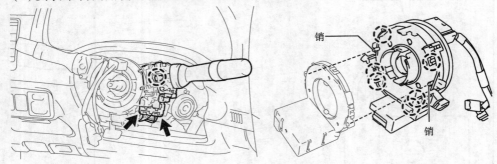

图5-18 安装风窗玻璃刮水器开关总成　　图5-19 安装螺旋电缆

(4) 安装上转向柱罩,见图5-20。

(5) 安装下转向柱罩,见图5-20。

(6) 安装转向柱盖,见图5-20。

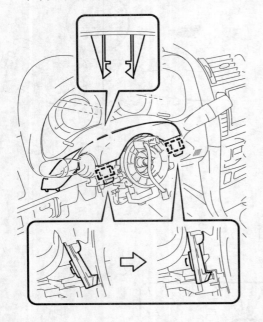 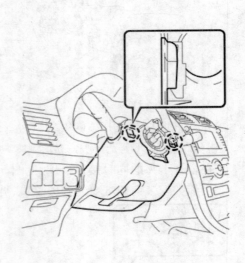

图5-20 安装上转向柱罩、下转向柱罩、转向柱盖

(7) 安装转向盘总成,见图5-21。

(8) 检查转向盘中心点。

(9) 调整螺旋电缆,见图5-22。

(10) 安装转向盘装饰盖,见图5-23。

(11) 安装转向盘3号下盖,见图5-24。

(12) 安装转向盘2号下盖,见图5-25。

项目二 汽车电气设备的拆装

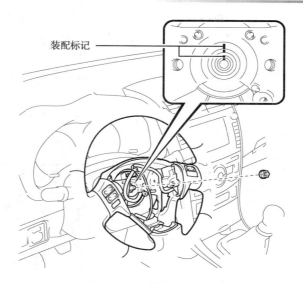

图 5-21 安装转向盘总成

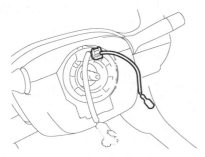

图 5-22 调整螺旋电缆

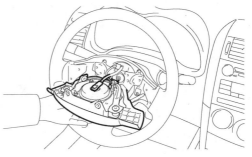

图 5-23 安装转向盘装饰盖

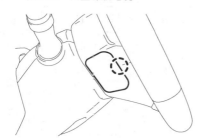

图 5-24 安装转向盘 3 号下盖

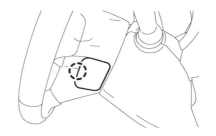

图 5-25 安装转向盘 2 号下盖

(13) 安装仪表板下装饰板分总成,见图 5-26。
(14) 安装仪表板 1 号底罩分总成,见图 5-27。
(15) 将电缆连接到蓄电池负极端子。

断开蓄电池电缆后重新连接时,某些系统需要初始化。

(16)检查转向盘装饰盖。

(17)检查 SRS 警告灯。

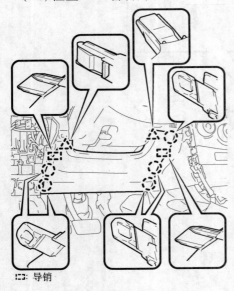

图 5-26 安装仪表板下装饰板分总成

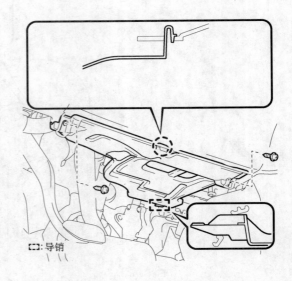

图 5-27 安装仪表板 1 号底罩分总成

三 学习拓展——检查前照灯变光开关总成(不带自动灯控系统)

结合图 5-28,根据表 5-1 ~ 表 5-3 中的值测量电阻。

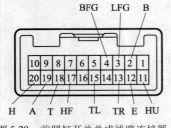

图 5-28 前照灯开关总成线路连接器

灯控开关测量电阻　　　　　表 5-1

检测仪连接	开关状态	规定状态
10(T1)-13(B1)	OFF	10kΩ 或更大
10(T1)-13(B1)	TAIL	小于 1Ω
10(T1)-13(B1)	HEAD	小于 1Ω
11(E)-13(B1)		

变光开关测量电阻　　　　　表 5-2

检测仪连接	开关状态	规定状态
9(HU)-11(E)	HIGH FLASH	小于 1Ω
8(HL)-11(E)	LOW	小于 1Ω
9(HU)-11(E)	HIGH	小于 1Ω
8(HL)-11(E)	HIGH 或 HIGH FLASH	10kΩ 或更大(变光开关置于 HIGH 位置时,近光前照灯熄灭)
		小于 1Ω(变光开关置于 HIGH 位置时,近光前照灯和远光前照灯同时亮起)

转向信号开关测量电阻 表 5-3

检测仪连接	开关状态	规定状态
6(TR)-7(E) 5(TL)-7(E)	OFF	10kΩ 或更大
6(TR)-7(E)	RH	小于 1Ω
5(TL)-7(E)	LH	小于 1Ω

各开关测量结果应符合表 5-1～表 5-3 的规定范围。

四 评价与反馈

❶ 自我评价与反馈

(1)通过本学习任务的学习,你是否已经知道以下问题。

①汽车前照灯变光开关有哪些作用?

_____

②汽车前照灯各灯光作用是通过哪些操作实现的呢?

_____

(2)汽车前照灯变光开关的拆装操作过程中用到了哪些工具?

_____

(3)学习了本实训任务,你掌握了哪些内容?

_____

(4)通过本学习任务的学习,你认为自己的知识和技能还有哪些欠缺?

_____

签名:_____   ____年____月____日

❷ 小组评价与反馈(表 5-4)

小 组 评 价 表 表 5-4

序号	评价项目	评价情况
1	着装是否符合要求	
2	是否能合理规范地使用仪器和设备	
3	是否按照安全和规范的流程操作	
4	是否遵守学习、实训场地的规章制度	
5	是否能保持学习、实训场地整洁	
6	团结协作情况	

参与评价的同学签名:_____   ____年____月____日

❸ 教师评价及反馈

_____

_____

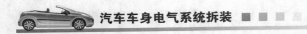

教师签名：_____　　　____年___月___日

五　技能考核标准（表5-5）

技能考核标准表　　　　　　　　　　　表5-5

序号	项　目	操　作　内　容	规定分	得分
1	准备工作	定位前轮，使其面向正前位置	3分	
		从蓄电池负极端子断开电缆	3分	
2	汽车前照灯变光开关的拆卸	拆卸仪表板	3分	
		拆卸1号底罩分总成	3分	
		拆卸仪表板下装饰板分总成	3分	
		拆卸转向盘3号下盖	2分	
		拆卸转向盘2号下盖	2分	
		拆卸转向盘装饰盖	3分	
		拆卸转向盘总成	3分	
		拆卸下转向柱罩	3分	
		拆卸上转向柱罩	3分	
		拆卸转向柱罩	3分	
		拆卸带转向角传感器的螺旋电缆	3分	
		拆卸风窗玻璃刮水器开关总成	3分	
		拆卸前照灯变光开关总成	3分	
3	汽车前照灯变光开关的安装	安装前照灯变光开关总成	3分	
		安装风窗玻璃刮水器开关总成	3分	
		安装带转向角传感器的螺旋电缆	3分	
		安装上转向柱罩	3分	
		安装下转向柱罩	3分	
		安装转向柱盖	3分	
		安装转向盘总成	3分	
		检查转向盘中心点	3分	
		调整螺旋电缆	3分	
		安装转向盘装饰盖	3分	
		安装转向盘3号下盖	3分	
		安装转向盘2号下盖	3分	
		安装仪表板下装饰板分总成	3分	
		安装仪表板1号底罩分总成	3分	
		将电缆连接到蓄电池负极端子	3分	
		检查转向盘装饰盖，检查SRS警告灯	2分	
4	安全操作及工具使用	操作是否符合安全操作规程，工具使用是否规范	5分	
5	执行5S操作	是否按规范整理清洁场地	5分	
	总分		100分	

项目二 汽车电气设备的拆装

学习任务6　汽车前照灯总成的拆装及更换

学习目标

 知识目标

知道汽车前照灯总成的结构。

 技能目标

1. 会正确地对汽车前照灯总成进行拆装与更换；
2. 知道前照灯光束调整方法。

建议课时

6课时。

 任务描述

某4S店接到一辆追尾事故的车辆来店维修，经维修人员检查发现受损车辆的前照灯总成已损坏，现需要对该汽车前照灯总成进行拆装及更换。

一　理论知识准备

❶ 汽车前照灯总成的组成及作用

（1）组成。

现代汽车前照灯一般由灯壳、透镜、示宽灯、转向灯、前照灯等集成在一起组成的整个行车照明系统，通称前照灯总成。

（2）作用。

汽车前照灯总成装在汽车头部的两端，用于夜间或光线昏暗的路面上汽车行驶时的照明，是保证汽车在夜间或在能见度较低的情况下，安全行车并保持较高车速的重要装置。

❷ 前照灯的功能

前照灯有远光和近光的功能，近光灯是近距离的时候使用，远光灯照得路远，视野开阔。合理使用前照灯应做到会车时变成近光，会车后及时变回远光，通过交叉路口和进行超车时应以变换远、近光来提示。一般来说,汽车的每个前照灯里面就有 1~2 个灯泡,里面有远近光灯丝,只要控制开关就切换灯光线束的远与近。目前很多车的前照灯总成都加装了自动灯光控制器,在会车时可以自动调节光束,起到不互相干扰的作用,提高了行驶安全性。

汽车前照灯透镜可分为两种:单光透镜、双光透镜。

单光透镜(近光灯透镜)只有一个光——近光,一般使用卤素灯泡或氙气灯泡。近光灯透镜的作用是发散光线,让车灯发出的平行光线均匀地发散到车前,使用透镜的前照灯比使用普通反光罩的光线更均匀,光线的利用率也更高。由于前照灯和透镜(也就是说前照灯整体)融合在一起,所以更容易地实现前照灯的随动转向,但是用反光罩却很难实现。

双光透镜是一个透镜,通过透镜内部的遮光片,可以实现远近光的切换。当遮光片合上时是近光,当遮光片打开时是远光。但是透镜里面的灯泡是不动的,也没有任何变化。安装双光透镜也就是实现了一个氙气灯泡起了远光和近光的两种作用。加装了双光透镜的作用:在远光、近光的状态下,光线不会发散,却对地面的照明效果非常好,不会造成刺眼,不会影响对面来车的正常行驶。

二 任务实施——汽车前照灯总成的拆装及更换

❶ 准备工作

(1)丰田卡罗拉轿车(或其他车型车辆)一辆。
(2)丰田卡罗拉轿车(或相应车型)维修手册一本。
(3)拆装工具一套。

❷ 技术要求与注意事项

(1)拆卸时注意卡子的拆卸方向和拆卸力度。
(2)断开连接器时,只能拉连接器自身,而非线束。

❸ 操作步骤

1)前照灯总成的拆卸
(1)拆卸散热器上空气导流板,见图 6-1。
(2)断开蓄电池负极端子上的电缆。

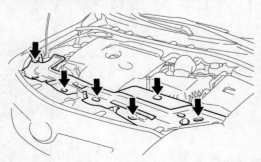
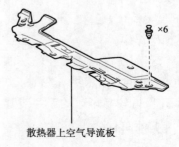

散热器上空气导流板

图 6-1 拆卸散热器上空气导流板

（3）拆卸散热器格栅防护罩，见图6-2。

（4）拆卸前保险杠总成。

①使用螺丝刀，将销转动90°并拆下销固定卡子，见图6-3。

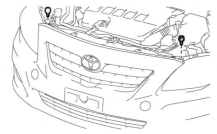
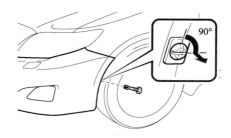

图6-2　拆下散热器格栅防护罩　　　　图6-3　拆下销固定卡子

②拆下卡子，见图6-4。

③在保险杠总成四周粘贴保护性胶带，拆下6个螺钉、2个螺栓和3个卡子，见图6-5。

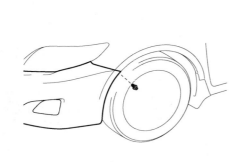
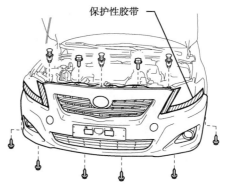

图6-4　拆下卡子　　　　图6-5　拆下螺钉、螺栓及卡子

④脱开6个卡爪并拆下前保险杠总成，见图6-6。

（5）排空清洗液。

从风窗玻璃清洗器电动机及泵总成上断开清洗器软管，并排放清洗液，见图6-7。

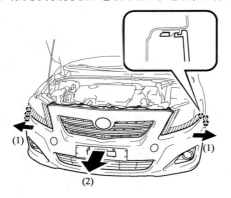
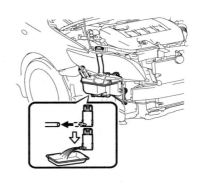

图6-6　拆卸前保险杠总成　　　　图6-7　排空清洗液

(6)拆卸前照灯总成。
①拆下2个螺栓和螺钉。
②脱开卡爪,见图6-8。
③断开连接器,见图6-9。
④拆下前照灯总成。

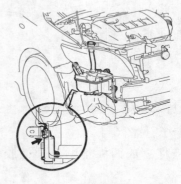

图6-8 脱开卡爪　　　　　　图6-9 断开连接器

2)前照灯总成上的灯泡的拆解
(1)拆下2号前照灯灯泡。

不要用手指触摸灯泡玻璃。

(2)拆下1号前照灯灯泡,见图6-10。

不要用手指触摸灯泡玻璃。

(3)拆卸前转向信号灯灯泡,见图6-11。

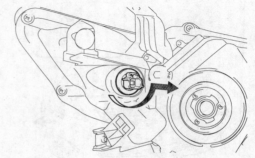

图6-10 拆下1号前照灯灯泡　　　　图6-11 拆卸前转向信号灯灯泡

①按照箭头所指的方向,将前转向信号灯灯泡和前转向信号灯灯座作为一个整体旋

转拆下。

②将前转向信号灯灯泡从前转向信号灯灯座上拆下。

(4) 拆卸示宽灯灯泡,见图 6-12。

①按照箭头所指示的方向,将示宽灯灯泡和示宽灯灯座作为一个整体旋转拆下。

②将示宽灯灯泡从示宽灯灯座上拆下。

(5) 拆卸前照灯光束高度调整电动机,见图 6-13。

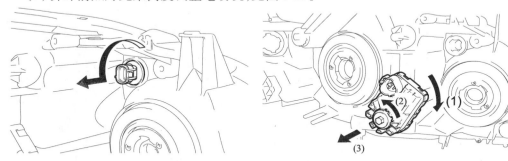

图 6-12 拆卸示宽灯灯泡　　　　图 6-13 拆卸前照灯光束高度调整电动机

①按图中箭头(1)指示的方向旋转前照灯光束高度调整电动机以将其松开。

②按图中箭头(2)指示的方向旋转前照灯光束高度调整电动机的对光螺钉以脱开轴。

③按图中箭头(3)指示的方向拉出前照灯光束高度调整电动机以将其拆下。

(6) 拆下前照灯光束高度调整电动机底座密封件。

 小贴士

在拆下前照灯光束高度调整电动机底座密封件后,确保用新的底座密封件将其更换,否则可能导致进水。

(7) 拆下螺钉和前照灯支架,见图 6-14。

 小贴士

除非更换前照灯单元或前照灯支架,否则,不要拆下前照灯支架。

(8) 拆下螺钉和前照灯左支架,见图 6-15。

 小贴士

①除非更换前照灯单元或前照灯左支架,否则,不要拆下前照灯左支架。根据车辆状况不同,用 2 个螺钉安装支架。

②左、右前照灯拆装方法相同。

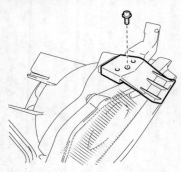

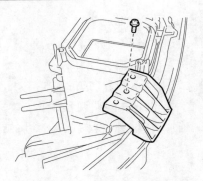

图6-14 拆卸前照灯支架

图6-15 拆卸前照灯左支架

3)前照灯总成上的灯泡的重新装配

(1)安装前照灯左支架。

①用2个螺钉安装前照灯左支架。

> 小贴士
>
> 螺钉随新的支架一同提供,重复使用前照灯单元时,将螺钉安装到两侧的孔中。

②用螺钉安装前照灯左支架(更换新的前照灯单元),见图6-16。

> 小贴士
>
> 仅当前照灯单元是新的时,才将螺钉安装到中央的孔中。

(2)安装前照灯支架。

①用2个螺钉安装前照灯支架(重复使用前照灯单元),见图6-17。

> 小贴士
>
> 螺钉随新的支架一同提供。重复使用前照灯单元时,将螺钉安装到两侧的孔中。

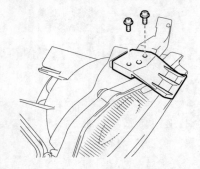

图6-16 安装前照灯左支架

图6-17 安装前照灯支架

②用螺钉安装前照灯支架(换用新的前照灯单元)，见图6-18。

仅当前照灯单元是新的时，才将螺钉安装到中央的孔中。

(3) 安装新的前照灯光束高度调整电动机底座密封件。
(4) 安装前照灯光束高度调整电动机，见图6-19。

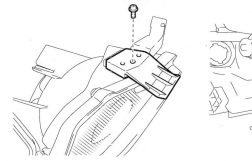

图6-18　用螺钉安装前照灯支架　　　图6-19　安装前照灯光束高度调整电动机

①按图中箭头(1)指示的方向插入前照灯光束高度调整电动机。
②按图中箭头(2)指示的方向旋转前照灯光束高度调整电动机的对光螺钉以接合轴。
③按图中箭头(3)指示的方向旋转前照灯光束高度调整电动机以将其安装。
(5) 安装示宽灯灯泡。
①将示宽灯灯泡安装到示宽灯灯座上。
②按照箭头所指示的方向，将示宽灯灯泡和示宽灯灯座作为一个整体旋转安装。
(6) 安装前转向信号灯灯泡。
①将前转向信号灯灯泡安装到前转向信号灯灯座上，见图6-20。
②按照箭头所指示的方向，将前转向信号灯灯泡和前转向信号灯灯座作为一个整体旋转安装，见图6-21。

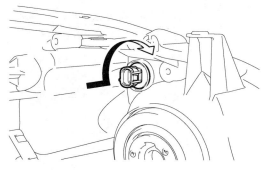 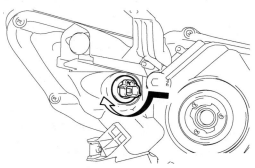

图6-20　安装前转向信号灯灯泡　　　图6-21　安装前转向信号灯灯泡

(7)如图6-22所示安装1号前照灯灯泡,见图6-22。

(8)如图6-23所示,安装2号前照灯灯泡。

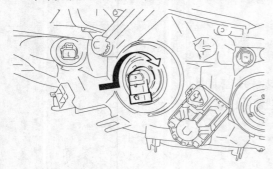

图6-22 安装1号前照灯灯泡

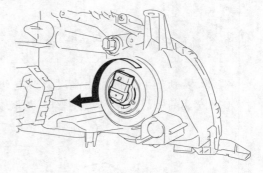

图6-23 安装2号前照灯灯泡

4)总装

(1)安装前照灯总成。

①连接连接器。

②安上卡爪。

③拧紧2个螺栓和螺钉。

(2)安装前保险杠总成。

①断开雾灯连接器(带雾灯或侦测声呐系统)。

②接合6个卡爪并安装前保险杠总成,见图6-24。

③安装6个螺钉、3个卡子及2个螺栓,见图6-25。

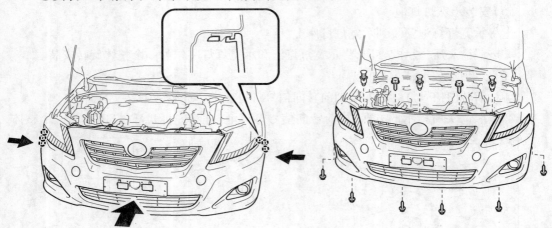

图6-24 断开雾灯连接器并接合6个卡爪　　　图6-25 安装螺钉、卡子及螺栓

④安装左侧销固定卡夹,见图6-26。

⑤安装左侧卡子,见图6-27。

(3)安装2个散热器格栅防护罩,见图6-28。

(4)安装6个卡子及散热器上空气导流板,见图6-29。

项目二 汽车电气设备的拆装

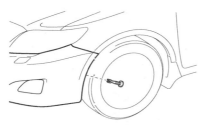

图 6-26 安装左侧销固定卡夹

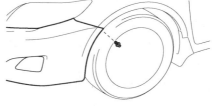

图 6-27 安装左侧卡子

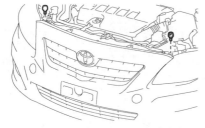

图 6-28 安装散热器格栅防护罩

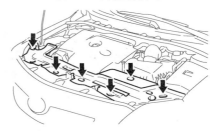

图 6-29 安装散热器上空气导流板

右侧与左侧安装程序相同。

三 学习拓展——前照灯光束调整

灯泡可能没有正确安装,影响前照灯对光,应在执行调整程序之前先检查灯泡安装情况。

1 前照灯对光调整前的车辆准备工作

(1)确保前照灯周围车身没有损坏或变形。
(2)加注燃油箱。
(3)确保油液加注到规定液位。
(4)确保冷却液加注到规定液位。
(5)将轮胎充气至适当压力。
(6)将行李舱和车辆卸载,确保备胎、工具和千斤顶在原来的位置。
(7)让一个一般体重(75kg)的人坐在驾驶员座椅上。
(8)对于带有高度可调悬架的车辆,应在调整前照灯对光前将车辆高度调节到最低。
(9)对于带有手动可调前照灯的车辆,应将其高度调节到"0",见图6-30。

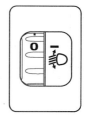

图 6-30 前照灯高度调节到"0"

2 前照灯对光准备工作

(1)按下列条件准备车辆。
①将车辆放置在足够黑暗的环境中,以便可以清晰观察到明暗截止线。明暗截止线

55

是一条分界线,在其下面可以观察到前照灯的灯光,而在其上面则观察不到。

②将车辆与墙壁呈90°角停放。

③在车辆(前照灯灯泡中心)与墙壁之间空出25m的距离。

④确保车辆处在水平表面上。

⑤上下弹动车辆以使悬架就位。

为了保证对光调整正确,车辆(前照灯灯泡中心)与墙壁之间必须空出25m的距离。如果没有足够远的距离,应保证有3m的距离以进行前照灯对光检查和调整(目标区域的大小会随距离而变化,所以应遵循插图6-31中的说明)。

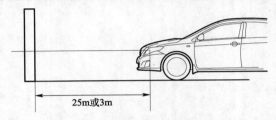

图6-31 前照灯灯泡中心与墙壁距离

(2)准备一张厚一些的白纸(约高2m×宽4m)作为屏幕。

(3)沿屏幕中心向下画一条垂直线(V线)。

(4)安放屏幕,见图6-32。

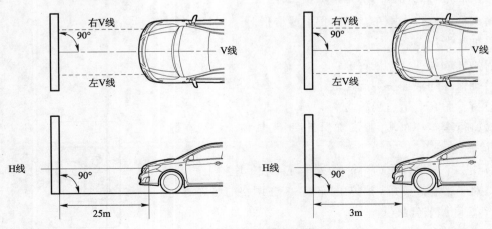

图6-32 屏幕安放位置

将屏幕与地面垂直放置;将屏幕上的V线与车辆中心对准。

（5）在屏幕上画基线（H线、左V线和右V线），见图6-33。

"近光检查"和"远光检查"使用的基线不同。在屏幕上做出前照灯灯泡中心标记。如果在前照灯上不能观察到中心标记，则以前照灯灯泡中心或标记在前照灯上的制造商名称作为中心标记。

H线（前照灯高度）：在屏幕上穿过中心标记画一条水平线。H线应与近光前照灯的灯泡中心标记等高。

左V线、右V线（左测（LH）和右侧（RH）前照灯的中心标记位置）：画两条垂直的线，使它们在各中心标记处与H线相交（与近光前照灯灯泡的中心对准）。

3 前照灯对光检查

（1）遮住前照灯或断开另一侧的前照灯连接器，以防止在不接受检查的前照灯灯光的影响下进行前照灯对光检查。

图6-33 在屏幕上画基线

①盖住前照灯的时间不要超过3min。前照灯透镜是用合成树脂制成的，过热可能会导致其熔化或损坏。

②进行远光对光检查时，应盖住近光灯或断开连接器。

（2）起动发动机。

（3）打开前照灯并检查明暗截止线是否与图6-34所示推荐的明暗截止线吻合。

①由于近光灯和远光灯是一个整体，所以如果近光对光正确，那么远光对光也是正确的。但是，为确保正确性，近光、远光都要进行检查。

②如果校准距离为25m：近光的明暗截止线应在H线以下48mm和698mm之间。

③如果校准距离为3m：近光的明暗截止线应在H线以下6mm和84mm之间。

④如果校准距离为25m：推荐的近光明暗截止线应在H线以下249mm处。

⑤如果校准距离为3m：推荐的近光明暗截止线应在H线以下30mm处。

校准距离为25m： 校准距离为3m：

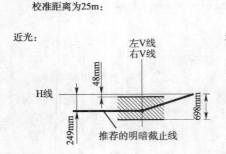 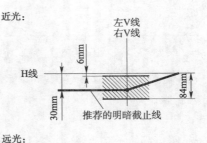

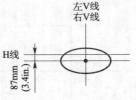 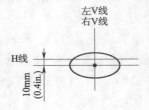

图 6-34　前照灯对光检查

注：图示为左驾驶车型，右驾驶车型的前照灯投影是此图案的镜像。

4　前照灯对光调整

（1）垂直调整对光，见图 6-35。

用螺丝刀转动各对光螺钉 A，将各个前照灯的对光调整到规定范围内。

> ①对光螺钉的最后一转应该是按顺时针方向。如果螺钉调整过度，则应将其拧松后再次拧紧，这样，螺钉的最后一转才能是顺时针方向。
> ②由于近光灯和远光灯是一个整体，所以如果近光对光正确，那么远光对光也是正确的。但是，为确保正确性，近光、远光都要进行检查。如果不能正确调整前照灯对光，则检查灯泡、前照灯单元和前照灯单元反射器的安装情况。顺时针转动对光螺钉可使前照灯对光上移，逆时针转动对光螺钉则可使前照灯对光下移。

（2）水平调整对光，见图 6-36。

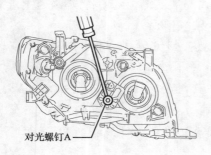 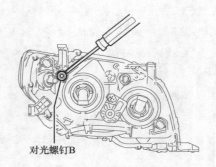

图 6-35　前照灯对光调整（垂直调整对光）　　图 6-36　前照灯对光调整（水平调整对光）

用螺丝刀转动各对光螺钉B,将各个前照灯的对光调整到规定范围内。

> **小贴士**
>
> ①对光螺钉的最后一转应该是按顺时针方向,如果螺钉紧固过度,则应将其拧松后再次拧紧,使螺钉的最后一转沿顺时针方向。
>
> ②近光灯和远光灯是一个整体。将近光灯对光调整到正确位置后,远光灯对光也会变正确。
>
> ③如果不能正确调整前照灯对光,则检查灯泡、前照灯单元和前照灯单元反射器的安装情况。

四 评价与反馈

1 自我评价与反馈

(1)通过本学习任务的学习,你是否已经知道以下问题。

①汽车前照灯总成有哪些部件组成?

_____

②在拆卸汽车前照灯总成过程中应该注意哪些问题?

_____

③在拆卸汽车前照灯泡过程中应该注意哪些问题?

_____

(2)实训过程中有哪些步骤你认为做得比较好,从中你学到了什么?

_____

(3)通过本学习任务的学习,你认为自己的知识和技能还有哪些欠缺?

_____

签名:_____　　____年____月____日

2 小组评价与反馈(表6-1)

小组评价表　　　　　　　　　表6-1

序号	评价项目	评价情况
1	着装是否符合要求	
2	是否能合理规范地使用仪器和设备	
3	是否按照安全和规范的流程操作	
4	是否遵守学习、实训场地的规章制度	
5	是否能保持学习、实训场地整洁	
6	团结协作情况	

参与评价的同学签名:_____　　____年____月____日

3 教师评价及反馈

_____

_____

教师签名：_____　　　_____年___月___日

五 技能考核标准（表6-2）

技能考核标准表　　　　　　　　　表6-2

序号	项　目	操 作 内 容	规定分	得分
1	拆卸前照灯总成	拆卸散热器上空气导流板	2分	
		断开蓄电池负极端子上的电缆	2分	
		拆卸散热器格栅防护罩	2分	
		拆卸前保险杠总成	2分	
		排空清洗液	2分	
		拆卸前照灯总成	2分	
2	拆解前照灯总成上的灯泡	拆下2号前照灯灯泡	4分	
		拆下1号前照灯灯泡	4分	
		拆卸前转向信号灯灯泡	4分	
		拆卸示宽灯灯泡	4分	
		拆卸前照灯光束高度调整电动机	4分	
		拆下前照灯光束高度调整电动机底座密封件	2分	
		拆下螺钉和前照灯支架	2分	
		拆下螺钉和前照灯左支架	2分	
3	重新装配前照灯总成上的灯泡	安装前照灯左支架	2分	
		安装前照灯支架	2分	
		安装新的前照灯光束高度调整电动机底座密封件	2分	
		安装前照灯光束高度调整电动机	4分	
		安装示宽灯灯泡	4分	
		安装前转向信号灯灯泡	4分	
		安装1号前照灯灯泡	4分	
		安装2号前照灯灯泡	4分	
4	总装	安装前照灯总成	4分	
		安装前保险杠总成	4分	
		安装散热器格栅防护罩	4分	
		安装散热器上空气导流板	2分	
		将电缆连接到蓄电池负极端子上	2分	
5	验证调整	起动发动机，开灯验证、调整灯光	10分	
6	安全操作及工具使用	操作是否符合安全操作规程，工具使用是否规范	5分	
7	执行5S操作	是否按照规定整理清洁场地	5分	
		总分	100分	

项目二 汽车电气设备的拆装

学习任务7 汽车后组合灯的拆装及更换

 学习目标

★ **知识目标**

知道汽车后组合灯的结构及组成。

★ **技能目标**

1. 会正确地对汽车后组合灯进行拆装及更换;
2. 知道汽车后组合灯灯泡的拆装与更换方法。

建议课时

5课时。

 任务描述

80后的小王想更换一下汽车后组合灯,使之变得更加符合自己的风格,现在他就遇到一个问题,怎样才能将新买的汽车后组合灯更换到爱车上呢?下面我们将学习汽车后组合灯的拆装及更换。

一 理论知识准备

❶ 汽车后组合灯的组成

汽车后组合灯主要由两大总成组成:汽车(外侧)后组合灯总成和汽车后灯总成,见图7-1。

汽车后组合灯总成:由后组合灯透镜和灯体、后转向信号灯灯泡、夜间示宽灯(尾灯)灯泡、制动灯灯泡、后组合灯灯座和线束分总成、后组合灯衬垫、反射镜等组成。

汽车后灯总成:由后灯透镜和灯体、倒车灯灯泡、后雾灯灯泡、倒车灯灯座、后雾灯灯座、线束分总成、后灯衬垫、反射镜等组成。

❷ 汽车后组合灯的作用

转向灯:转向灯是最常用的信号灯,当车辆需要转向时开启。要注意的是,开启转向灯的时间应在距转弯路口30m至100m左右时,而不是已经到路口了才打开,以免让尾随

61

车辆措手不及造成追尾。

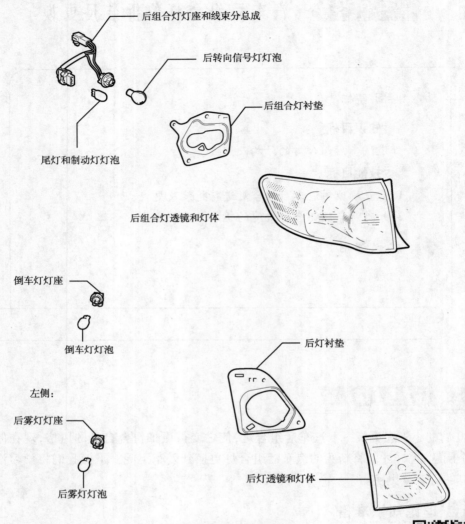

图 7-1 汽车后组合灯的组成

危险警告灯(双闪):在车辆发生故障需要临时停车等紧急情况下使用,在能见度较低的恶劣天气下也应打开双闪。紧急信号灯与行车安全息息相关,要时常检查一下是否正常。

夜行示宽灯(小灯):用在夜间显示车身宽度和长度。当你从后视镜看不清楚后边的时候,就该点亮示宽灯,特别是在下雨天。

制动灯:制动灯亮起即告诉后面的车辆,正在制动,注意减速。当你发现前车制动灯亮起时,也要做好减速的准备。

倒车灯:它有两个作用,一是提醒后方行人与车辆注意,二是在光线差的环境下提供一定范围内的照明帮助,这也就是为什么倒车灯都是白色的原因。

后雾灯:车用后雾灯是指在雾、雪、雨或尘埃弥漫等能见度较低的环境中,为使车辆后方其他道路交通参与者易于发现而安装在车辆尾部,发光强度比制动灯更大的红色信号灯。主要是起到警示作用预防追尾事故的发生。

二 任务实施——汽车后组合灯的拆装及更换

❶ 准备工作

(1)丰田卡罗拉轿车(或其他车型车辆)一辆。
(2)丰田卡罗拉轿车(或相应车辆)维修手册一本。
(3)常用工具一套。

❷ 技术要求与注意事项

(1)断开线束连接器时,只能拉连接器自身,而非线束。
(2)整个操作过程需遵循安全规程。

❸ 操作步骤

1)后组合灯的拆卸

(1)拆卸(外侧)后组合灯检修孔盖,见图7-2。

①脱开2个卡爪。

②脱开2个导销,并拆下(外侧)后组合灯检修孔盖。

(2)拆卸(外侧)后组合灯总成。

①断开连接器并脱下2个卡夹,见图7-3。

②拆下3个螺母。

③脱开销,并拆下(外侧)后组合灯总成,见图7-4。

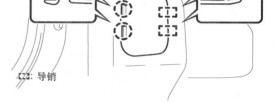

图7-2 拆卸(外侧)后组合灯检修孔盖

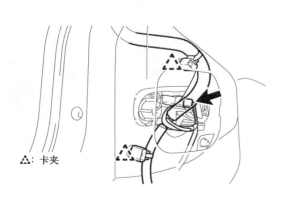

图7-3 断开连接器

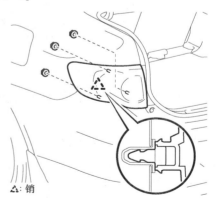

图7-4 拆下(外侧)后组合灯总成

(3)拆卸行李舱侧盖。

①脱开2个卡爪。

②脱开2个导销,并拆下行李舱侧盖,见图7-5。
(4)拆卸后灯总成,见图7-6。
①断开连接器并拆下2个螺母。
②脱开卡子,拆下后灯总成。

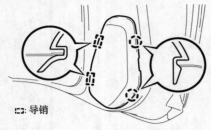

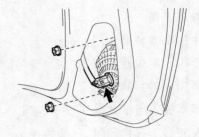

图7-5 拆下行李舱侧盖　　　　　图7-6 拆下后灯总成

2)后组合灯的安装
(1)安装(外侧)后组合灯总成。
①接合销。
②用3个螺母安装(外侧)后组合灯总成,见图7-7。
③连接连接器并接合2个卡夹,见图7-8。

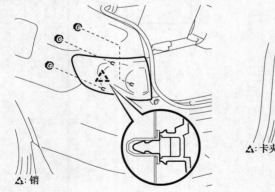

图7-7 安装(外侧)后组合灯总成　　　图7-8 连接连接器并接合2个卡夹

(2)安装(外侧)后组合灯检修孔盖,见图7-9。
①接合2个导销。
②接合2个卡爪,并安装(外侧)后组合灯检修孔盖。
(3)安装后灯总成。
①接合卡子,见图7-10。
②用2个螺母安装后灯总成,见图7-11。
③连接连接器。
(4)安装行李舱侧盖,见图7-12。
①接合2个导销。

②接合2个卡爪并安装行李舱侧盖。

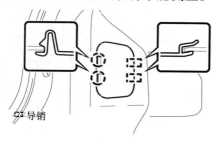

图7-9 安装(外侧)后组合灯检修孔盖

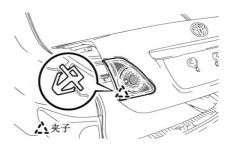

图7-10 接合卡子

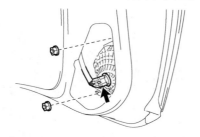

图7-11 连接连接器

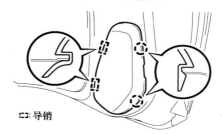

图7-12 安装行李舱侧盖

三 学习拓展——汽车后组合灯灯泡的拆装与更换

1 汽车后组合灯的分解

(1)拆卸尾灯和制动灯灯泡,见图7-13。

①沿箭头所示方向转动尾灯和制动灯灯泡、(外侧)后组合灯灯座和线束分总成,并将它们作为一个整体断开。

②将尾灯和制动灯灯泡从(外侧)后组合灯灯座和线束分总成上拆下。

(2)拆卸后转向信号灯灯泡,见图7-14。

①沿箭头所示方向转动后转向信号灯灯泡、(外侧)后组合灯灯座和线束分总成,并将它们作为一个整体断开。

②将后转向信号灯灯泡从(外侧)后组合灯灯座和线束分总成上拆下。

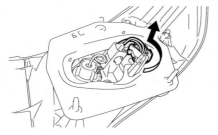

图7-13 拆卸尾灯和制动灯灯泡

图7-14 拆卸后转向信号灯灯泡

(3)拆卸(外侧)后组合灯灯座和线束分总成,见图7-15。

脱开卡夹,并拆下(外侧)后组合灯灯座和线束分总成。

(4)拆下后组合灯衬垫,见图7-16。

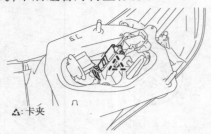
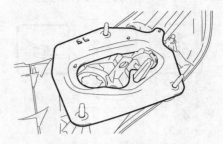

图7-15 拆卸后组合灯灯座和线束分总成　　图7-16 拆卸后组合灯衬垫

 小贴士

①确保清除车身上所有旧衬垫的痕迹。
②不要重复使用拆下的衬垫,确保安装新的后组合灯衬垫以防止进水。

(5)拆卸倒车灯灯泡(行李舱侧盖右侧后灯灯泡),见图7-17。
①沿箭头所示方向转动倒车灯灯泡和倒车灯灯座,并将它们作为一个整体断开。
②将倒车灯灯泡从倒车灯灯座上拆下。
(6)拆卸后雾灯灯泡(行李舱侧盖左侧后灯灯泡),见图7-18。
①沿箭头所示方向转动后雾灯灯泡和后雾灯灯座,并将它们作为一个整体断开。
②将后雾灯灯泡从后雾灯灯座上拆下。

图7-17 拆卸倒车灯灯泡(右侧)　　图7-18 拆卸后雾灯灯泡(左侧)

(7)拆卸后灯衬垫,见图7-19。

 小贴士

①确保清除车身上所有旧衬垫的痕迹。
②不要重复使用拆下的衬垫,确保安装新的后灯衬垫以防止进水。

❷ 汽车后组合灯的组装(更换灯泡)

(1)安装后灯衬垫。
安装一个新的后灯衬垫。
(2)安装倒车灯灯泡(行李舱侧盖右侧后灯灯泡)。

①将倒车灯灯泡安装到倒车灯灯座上,见图7-20。
②沿箭头所示方向转动倒车灯灯泡和倒车灯灯座,并将它们作为一个整体安装。

图7-19　拆下后灯衬垫　　　　图7-20　安装倒车灯灯泡(右侧)

(3)安装后雾灯灯泡(行李舱侧盖右侧后雾灯灯泡)。
①将后雾灯灯泡安装到后雾灯灯座上,见图7-21。
②沿箭头所示方向转动后雾灯灯泡和后雾灯灯座,并将它们作为一个整体安装,见图7-22。

图7-21　安装后雾灯灯泡(左侧)　　　图7-22　转动后雾灯灯泡和后雾灯灯座

(4)安装(外侧)后组合灯衬垫。
安装一个新的(外侧)后组合灯衬垫,见图7-23。
(5)安装(外侧)后组合灯灯座和线束分总成。
连接卡夹,并安装(外侧)后组合灯灯座和线束分总成。
(6)安装后转向信号灯灯泡。
①将后转向信号灯灯泡安装至(外侧)后组合灯灯座和线束分总成上,见图7-24。
②沿箭头所示方向转动后转向信号灯灯泡、(外侧)后组合灯灯座和线束分总成,并将它们作为一个整体安装。

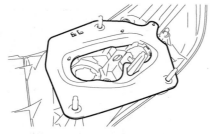 

△:卡夹

图7-23　安装新的后组合灯衬垫　　　图7-24　安装后转向信号灯灯泡

(7)安装尾灯和制动灯灯泡。

①将尾灯和制动灯灯泡安装到(外侧)后组合灯灯座和线束分总成上,见图7-25。
②沿箭头所示方向转动尾灯和制动灯灯泡、(外侧)后组合灯灯座和线束分总成,并将它们作为一个整体安装,见图7-26。

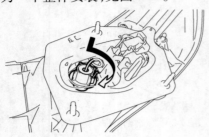
图7-25 安装尾灯和制动灯灯泡(一)

图7-26 安装尾灯和制动灯灯泡(二)

四 评价与反馈

1 自我评价与反馈

(1)通过本学习任务的学习,你是否已经知道以下问题。

①后灯总成包含了哪些部件?

_____

②后灯总成中都使用了哪些线束连接器?

_____

(2)后灯总成的拆装操作过程中用到了哪些工具?

_____

(3)完成本实习任务过程中,你感觉哪些工作做得得心应手?

_____

(4)通过本学习任务的学习,你认为自己的知识和技能还有哪些欠缺?

_____

签名:_____　　__年__月__日

2 小组评价与反馈(表7-1)

小组评价表　　　　　　表7-1

序号	评价项目	评价情况
1	着装是否符合要求	
2	是否能合理规范地使用仪器和设备	
3	是否按照安全和规范的流程操作	
4	是否遵守学习、实训场地的规章制度	
5	是否能保持学习、实训场地整洁	
6	团结协作情况	

参与评价的同学签名:_____　　____年__月__日

项目二 汽车电气设备的拆装

3 教师评价及反馈

教师签名：_____　　　_____年____月____日

五 技能考核标准（表7-2）

技能考核标准表　　　　　　　　　　　表7-2

序号	项　目	操　作　内　容	规定分	得分
1	后组合灯的拆卸	拆卸（外侧）后组合灯检修孔盖	10分	
		拆卸（外侧）后组合灯总成	15分	
		拆卸行李舱侧盖	10分	
		拆卸后灯总成	15分	
2	后组合灯的安装	安装（外侧）后组合灯总成	10分	
		安装（外侧）后组合灯检修孔盖	10分	
		安装后灯总成	10分	
		安装行李舱侧盖	10分	
3	安全操作及工具使月	操作是否符合安全操作规程，工具使用是否规范	5分	
4	执行5S操作	是否按照规定整理清洁场地	5分	
		总分	100分	

学习任务 8　汽车前排电动座椅的拆装及更换

学习目标

知识目标

知道汽车电动座椅的结构及组成。

技能目标

1. 会正确地对汽车电动座椅进行拆卸与安装；
2. 学会对汽车电动座椅电机进行简单的检查。

建议课时

6课时。

69

随着汽车的发展,不仅汽车动力性在不断提高,而且其舒适性也已成为汽车的一个重要方面,汽车座椅也越来越人性化。有一辆卡罗拉轿车,其电动座椅在使用的时候,前后移动功能不能使用,车辆送4S店检测,发现车辆前排电动座椅线束损坏,需要进行拆卸维修或更换。

一 理论知识准备

1 电动座椅的组成

电动座椅主要由座椅开关和位置传感器、电子控制器ECU、执行机构的驱动电动机三大部分组成。

2 电动座椅的作用

在一些高级轿车中,驾驶员的电动座椅控制系统不仅可以实现座椅滑行、倾斜的调整,而且还可以实现前垂直、后垂直、头枕和腰垫位置的调整,有的还带有位置存储功能;乘客的电动座椅控制系统依靠电力可以实现座椅滑行、倾斜的调整。

3 电动座椅的类型

电动座椅的类型根据分类方式的不同可分为以下几种。

(1)根据使用电动机的数量分类。

根据使用电动机的数量,电动座椅可分为单电动机式、双电动机式、三电动机式和四电动机式等。

①单电动机式。单电动机式只能对电动座椅的前后两个方向进行调整。

②双电动机式。双电动机式可以对电动座椅的4个方向进行调整,即不仅前后两个方向的位置可以移动,其高低也可以进行自动调整。

③三电动机式。三电动机式可以对电动座椅的6个方向进行调整,即不仅能向前后两个方向移动,还可分别对座椅的前部和后部的高低进行调整。

④四电动机式。四电动机式的调整功能除了具有以上三电动机式的调整功能以外,还可对靠背的倾斜度进行调整。电动座椅装用的电动机最多可达8个,除了保证上述基本运动外,还可对头枕高度、座椅长度和扶手的位置进行调整,见图8-1。

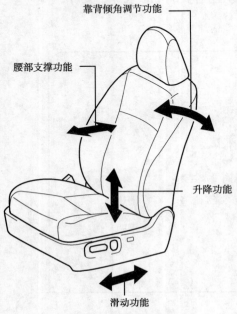

图8-1 四电动机式

(2)根据有无加热器分类。

根据有无加热器,电动座椅可分为无加热器式与有加热器式两种。有加热器式电动座椅可以在冬季寒冷的时候对座椅的坐垫进行加热,以使驾驶员或乘客乘坐更舒适。

(3)根据有无存储功能分类。

根据有无存储功能,电动座椅可分为无存储功能与有存储功能两种。有存储功能的电动座椅,可以将每次驾驶员或乘客调整电动座椅后的数据存储下来,作为以后重新调整座椅位置时的基准。

此外,在座椅中还附加了一些特种功能的装置,如在气垫座椅上使用电动气泵,对各个专用气囊(腰椎支撑气囊、侧背支撑气囊、座位前部的大腿支撑气囊)进行充气以起到调节支撑腰椎、侧背、大腿的作用。

二 任务实施——汽车前排电动座椅的拆装及更换

❶ 准备工作

(1)丰田卡罗拉轿车(或其他车型车辆)一辆。
(2)丰田卡罗拉轿车(或相应车辆)维修手册一本。
(3)拆装工具一套。

❷ 技术要求与注意事项

(1)注意拆装安全工作。
(2)正确使用工具。

❸ 操作步骤

1)汽车前排电动座椅总成的拆卸

(1)拆卸前排座椅头枕总成。
(2)拆卸座椅外滑轨盖,见图8-2。
(3)拆卸座椅内滑轨盖,见图8-3。
(4)拆卸前排座椅总成。

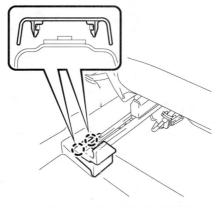

图8-2 脱开2个卡爪并拆下座椅外滑轨盖

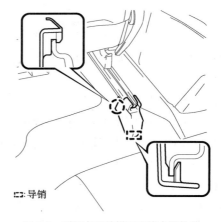

图8-3 脱开卡爪并拆下座椅内滑轨盖

①拆下座椅后侧的2个螺栓。
②操作电动座椅开关旋钮并将座椅移动到最后位置。
③拆下座椅前侧的2个螺栓。
④操作电动座椅开关旋钮并将座椅移动到中间位置,同时,操作电动座椅开关旋钮并将座椅靠背移动到直立位置。
⑤将电缆从蓄电池负极(-)端子上断开。

> 小贴士
>
> 断开电缆后等待90s,以防止气囊展开;断开蓄电池电缆后重新连接时,某些系统需要初始化。

⑥断开座椅下面的连接器。
⑦拆下座椅,小心不要损坏车身。

2)汽车前排电动座椅部件的拆解

(1)拆卸电动座椅靠背倾角调节开关旋钮。

使用缠有保护性胶带的螺丝刀,脱开2个卡爪并拆下电动座椅靠背倾角调节开关旋钮,见图8-4。

(2)拆卸电动座椅滑动和高度调节开关旋钮。

使用缠有保护性胶带的螺丝刀,脱开4个卡爪并拆下电动座椅滑动和高度调节开关旋钮,见图8-5。

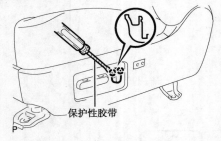
图8-4 拆卸靠背倾角调节开关旋钮

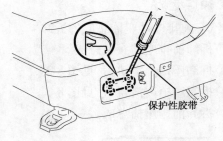
图8-5 拆卸滑动和高度调节开关旋钮

(3)拆卸前排座椅坐垫护板总成。
①拆下挂钩。
②拆下5个螺钉。
③脱开卡爪和导销,并拆下前排座椅坐垫护板总成。
④从前排电动座椅腰部开关上断开连接器。

(4)拆卸前排座椅坐垫1号内护板。
①拆下螺钉。
②脱开2个卡爪并拆下前排座椅1号坐垫内护板,见图8-6。

(5)拆卸前排电动座椅腰部开关,见图8-7。

项目二　汽车电气设备的拆装

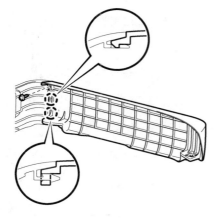
图8-6　脱开2个卡爪图

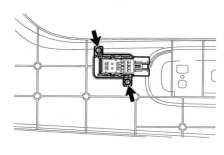
图8-7　拆卸前排电动座椅腰部开关

(6)拆卸电动座椅开关。

(7)拆卸前排座椅内安全带总成。

(8)拆卸前排座椅坐垫内护板。

(9)拆卸带软垫的前排座椅坐垫护面,见图8-8。

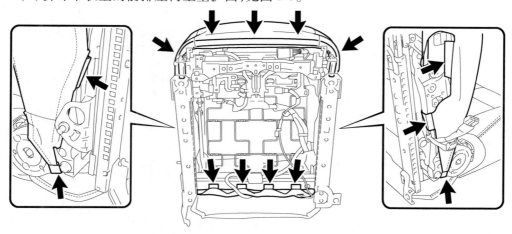
图8-8　拆下挂钩和带软垫的前排座椅坐垫护面

(10)拆卸分离式前排座椅坐垫护面,见图8-9。

(11)拆卸带软垫的前排座椅靠背护面。

①拆下3个卡圈、脱开卡夹、断开连接器,见图8-10。

②拆下5个卡圈。

③翻开分离式前排座椅靠背护面,以便拆下螺母,并脱开分离式前排座椅靠背护面支架,见图8-11。

④脱开4个卡爪并拆下2个前排座椅头枕支架。

⑤将带软垫的分离式前排座椅靠背护面从前排座椅骨架总成上拆下。

(12)拆卸分离式前排座椅靠背护面。

拆下6个卡圈和分离式前排座椅靠背护面,见图8-12。

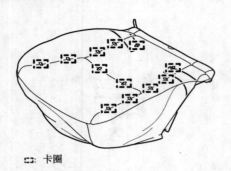

▭: 卡圈

图 8-9　拆卸座椅坐垫护面

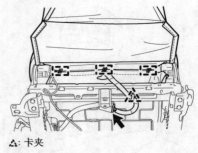

△: 卡夹
▭: 卡圈

图 8-10　拆下 3 个卡圈

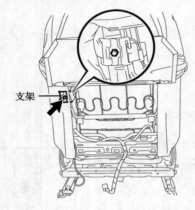

支架

图 8-11　脱开靠背护面支架

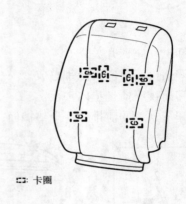

▭: 卡圈

图 8-12　拆下 6 个卡圈

(13) 拆卸腰部支撑调节器总成。
①断开连接器。
②拆下 2 个螺钉和腰部支撑调节器总成，见图 8-13。
(14) 拆卸左侧座椅靠背倾角调节器内盖。
①拆下螺钉。
②脱开导销，并拆下左侧座椅靠背倾角调节器内盖，见图 8-14。

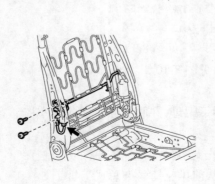

图 8-13　拆下腰部支撑调节器总成

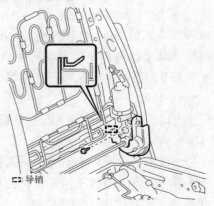

▭: 导销

图 8-14　脱开导销

(15) 拆卸左侧座椅靠背倾角调节器内盖。

①拆下螺钉。

②脱开导销,并拆下左侧座椅靠背倾角调节器内盖,见图 8-15。

(16) 拆卸右侧座椅靠背倾角调节器内盖。

①拆下螺钉。

②脱开导销,并拆下右侧座椅靠背倾角调节器内盖。

(17) 拆卸右侧座椅靠背倾角调节器内盖。

①拆下螺钉。

②脱开导销,并拆下右侧座椅靠背倾角调节器内盖。

(18) 拆卸前排左侧座椅坐垫下护板。

①拆下螺钉。

②脱开 4 个卡爪,并拆下前排左侧座椅坐垫下护板,见图 8-16。

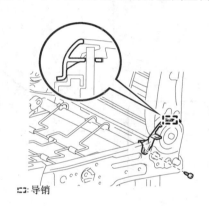

图 8-15　拆下左侧座椅靠背倾角调节器内盖　　图 8-16　脱开 4 个卡爪

(19) 拆卸前排右侧座椅坐垫下护板。

①拆下螺钉。

②脱开 4 个卡爪,并拆下前排右侧座椅坐垫下护板。

(20) 拆卸 1 号前排座椅线束。

①脱开 6 个卡夹。

②断开 3 个连接器并拆下 1 号前排座椅线束,见图 8-17。

(21) 拆卸 2 号前排座椅线束。

①脱开 3 个卡夹。

②断开连接器并拆下 2 号前排座椅线束。

3) 汽车前排电动座椅部件的安装

(1) 安装 2 号前排座椅线束。

①连接连接器。

②接合 3 个卡夹并安装 2 号前排座椅线束。

(2) 安装 1 号前排座椅线束,见图 8-18。

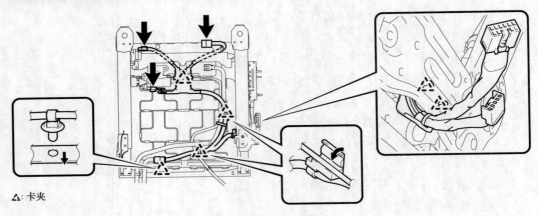

图 8-17　拆下 1 号前排座椅线束

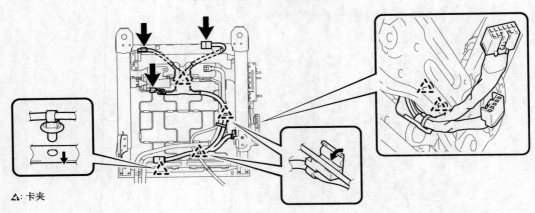

图 8-18　连接 3 个连接器

（3）安装前排右侧座椅坐垫下护板，见图 8-19。

①接合 4 个卡爪。

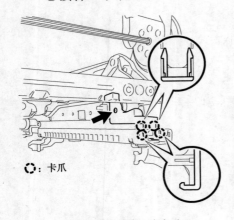

图 8-19　接合 4 个卡爪

②用螺钉安装前排右侧座椅坐垫下护板。

（4）安装前排左侧座椅坐垫下护板。

①接合 4 个卡爪。

②用螺钉安装前排左侧座椅坐垫下护板。

（5）安装右侧座椅靠背倾角调节器内盖，见图 8-20。

①接合导销。

②用螺钉安装右侧座椅靠背倾角调节器内盖。

（6）安装左侧座椅靠背倾角调节器内盖。

①接合导销。

②用螺钉安装左侧座椅靠背倾角调节器内盖。

（7）安装左侧座椅靠背倾角调节器内盖。

①接合导销。

②用螺钉安装左侧座椅靠背倾角调节器内盖。
（8）安装腰部支撑调节器总成,见图8-21。
①用2个螺钉安装腰部支撑调节器总成。
②连接连接器。

图8-20　接合导销　　　　　　　图8-21　安装腰部支撑调节器总成图

（9）安装分离式前排座椅靠背护面。

不要损坏护面,在安装卡圈时,要尽量避免起皱。

（10）安装带软垫的前排座椅靠背护面,见图8-22。
①将带软垫的前排座椅靠背护面临时安装至带调节器的前排座椅骨架总成。
②接合4个卡爪并安装2个前排座椅头枕支架,见图8-23。
③用螺母安装前排座椅靠背护面支架。

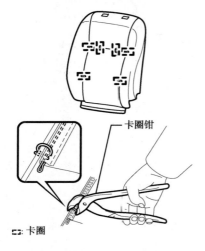 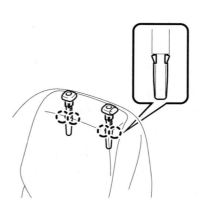

图8-22　安装带软垫的靠背护面　　　图8-23　安装2个前排座椅头枕支架

> 小贴士
>
> 对于带侧气囊的车辆,除非前排座椅靠背护面安装牢固,否则可能不能正常激活侧气囊,安装支架后,检查并确认线束带未扭结,牢固安装支架,见图8-24。

④用卡圈钳安装5个新卡圈。

> 小贴士
>
> 不要损坏护面,在安装卡圈时,要尽量避免起皱。

⑤使用卡圈钳和3个新卡圈安装分离式前排座椅靠背护面。
⑥接合卡夹。
⑦连接连接器。
(11)安装分离式前排座椅坐垫护面,见图8-25。

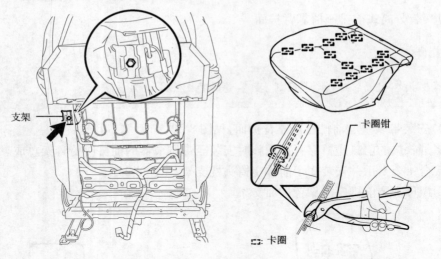

图8-24 安装支架　　　图8-25 安装卡圈

(12)安装带软垫的前排座椅坐垫护面,见图8-26。
(13)安装前排座椅坐垫内护板。
①插入导销并临时安装前排座椅坐垫内护板。
②接合导销和卡爪,见图8-27。
③使用螺钉安装前排座椅坐垫内护板。
(14)安装前排座椅内安全带总成。
(15)安装电动座椅开关。
①连接连接器。
②用3个螺钉安装电动座椅开关,见图8-28。

项目二 汽车电气设备的拆装

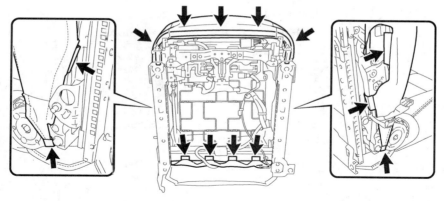

图 8-26 接合挂钩并安装带软垫的前排座椅坐垫护面

（16）安装前排电动座椅腰部开关。

（17）安装前排座椅坐垫 1 号内护板，见图 8-29。

（18）安装前排座椅坐垫护板总成。

①将连接器连接到前排电动座椅腰部开关上，见图 8-30。

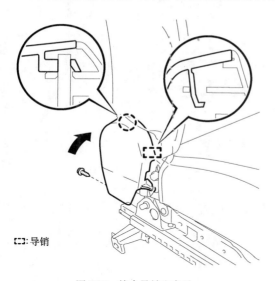

图 8-28 用 3 个螺钉安装电动座椅开关

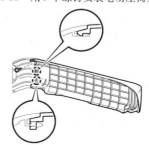

图 8-27 接合导销和卡爪　　　　图 8-29 安装座垫 1 号内护板

②接合导销和卡爪。

③用 5 个螺钉安装前排座椅坐垫护板总成。

④安装挂钩，见图 8-31。

（19）安装电动座椅滑动和高度调节开关旋钮，见图 8-32。

（20）安装电动座椅靠背倾角调节开关旋钮，见图 8-33。

4）汽车前排电动座椅总成的安装

（1）安装前排座椅总成。

①将前排座椅总成放入车厢内，小心不要损坏车身。

②连接座椅下面的连接器。

③将电缆连接到蓄电池负极(-)端子上。

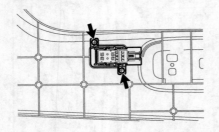

图 8-30 用 2 个螺钉安装前排电动座椅腰部开关

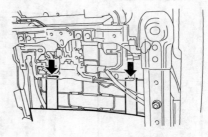

图 8-31 安装挂钩

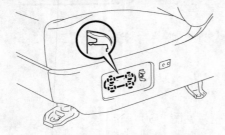

图 8-32 安装滑动和高度调节开关旋钮

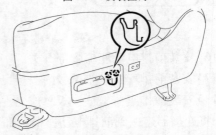

图 8-33 安装靠背倾角调节开关旋钮

> 断开蓄电池电缆后重新连接时，某些系统需要初始化。

④用 4 个螺栓临时安装前排座椅总成。
⑤操作电动座椅开关旋钮并将座椅移动到最后位置。
⑥紧固座椅前侧的 2 个螺栓。
提示：按图 8-34 所示顺序紧固螺栓。
⑦操作电动座椅开关旋钮并将座椅移动到最前位置。
⑧紧固座椅后侧的 2 个螺栓。
提示：按图 8-35 所示顺序紧固螺栓。

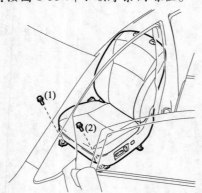

图 8-34 紧固座椅前侧的 2 个螺栓

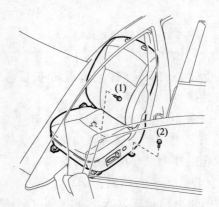

图 8-35 紧固座椅后侧的 2 个螺栓

(2)安装座椅内滑轨盖。

①接合导销。

②接合卡爪并安装座椅内滑轨盖,见图8-36。

(3)安装座椅外滑轨盖,见图8-37。

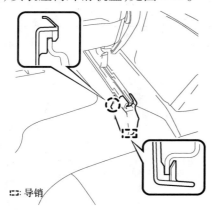

图8-36　安装座椅内滑轨盖　　　　图8-37　安装座椅外滑轨盖

(4)安装前排座椅头枕总成。

(5)检查前排座椅总成。

(6)检查电动座椅工作情况。

(7)检查SRS警告灯。

三　学习拓展——检查前排座椅总成

(1)检查座椅骨架滑动调节电动机的工作情况,将蓄电池连接至滑动调节电动机连接器端子时查看座椅骨架是否平顺移动,正常状态见表8-1,如果结果不符合规定,更换前排座椅总成。

测 量 标 准　　　　　　　　　　　　　　　表8-1

测量条件	运转方向	测量条件	运转方向
蓄电池正极(+)→c1-1; 蓄电池负极(-)→c1-2	前	蓄电池正极(+)→c1-2; 蓄电池负极(-)→c1-1	后

(2)检查座椅骨架升降器电动机的工作情况,将蓄电池连接至升降器电动机连接器端子时查看座椅骨架是否平顺移动,正常状态见表8-2,如果结果不符合规定,更换前排座椅总成。

测 量 标 准　　　　　　　　　　　　　　　表8-2

测量条件	运转方向	测量条件	运转方向
蓄电池正极(+)→c2-2; 蓄电池负极(-)→c2-1	向上	蓄电池正极(+)→c2-1; 蓄电池负极(-)→c2-2	向下

(3)检查座椅骨架靠背倾角调节电动机的工作情况,将蓄电池连接至靠背倾角调节电动机连接器端子时查看座椅骨架是否平顺移动,正常状态见表8-3,如果结果不符合规

定,更换前排座椅总成。

测 量 标 准 表8-3

测量条件	运转方向	测量条件	运转方向
蓄电池正极(+)→d1-2; 蓄电池负极(-)→d1-1	前	蓄电池正极(+)→d1-1; 蓄电池负极(-)→d1-2	后

四 评价与反馈

1 自我评价与反馈

(1)通过本学习任务的学习,你是否已经知道以下问题。
①电动座椅的主要组成部分有哪些?

②电动座椅拆卸应注意哪些事项?

(2)电动座椅电动机的检测方法有哪些?

(3)实训过程完成情况如何?

(4)通过本学习任务的学习,你认为自己的知识和技能还有哪些欠缺?

签名:_____ _____年____月____日

2 小组评价与反馈(表8-4)

小组评价表 表8-4

序号	评价项目	评价情况
1	着装是否符合要求	
2	是否能合理规范地使用仪器和设备	
3	是否按照安全和规范的流程操作	
4	是否遵守学习、实训场地的规章制度	
5	是否能保持学习、实训场地整洁	
6	团结协作情况	

参与评价的同学签名:_____ _____年____月____日

3 教师评价及反馈

教师签名:_____ _____年____月____日

五 技能考核标准（表8-5）

技能考核标准表　　　　　　　　表8-5

序号	项目	操作内容	规定分	得分
1	准备	是否做好防护工作	5分	
2	汽车前排电动座椅总成的拆卸	是否断开所有线路连接	3分	
		拆卸前排座椅螺栓	3分	
		断开蓄电池负极	3分	
		断开座椅下面连接器	3分	
		拆卸电动座椅开关	3分	
		拆卸前排座椅护面	3分	
		拆卸座椅靠背倾角调节器	3分	
		拆卸前排座椅线束	3分	
		拆下部件是否规范摆放	3分	
3	检查	是否做好检查的准备工作	3分	
		检查工具是否选用得当	3分	
		是否按正确方法检测	5分	
		检测结果是否正确	5分	
		检测结果是否规范记录	3分	
4	汽车前排电动座椅总成的安装	安装之前是否做好清洁工作	3分	
		安装前排座椅线束	3分	
		安装座椅坐垫护板	3分	
		安装座椅靠背倾角调节器	3分	
		安装电动座椅开关	3分	
		安装前排座椅总成	3分	
		安装座椅内滑轨盖	3分	
		安装座椅外滑轨盖	3分	
		安装前排座椅头枕总成	3分	
		检查前排座椅总成	3分	
		检查电动座椅工作情况	3分	
		检查SRS警告灯	3分	
		新元件是否选用得当	3分	
5	安全操作及工具使用	操作是否符合安全操作规程,工具使用是否规范	5分	
6	执行5S操作	是否按照规定整理清洁场地	5分	
		总分	100分	

学习任务9　汽车电动门锁的拆装及更换

学习目标

★ 知识目标
知道汽车电动门锁的结构及组成。

★ 技能目标
1. 会正确地对汽车电动门锁进行拆卸与安装；
2. 学会对汽车电动门锁进行简单的检查。

建议课时

4课时。

一辆卡罗拉轿车在一次淋雨之后，电动门锁出现车门锁不死的现象，经送4S店检测线路、开关以及机械结构等都没故障，最后确定是电动门锁故障，现需更换汽车电动门锁总成。

一　理论知识准备

❶ 汽车电动门锁的组成

主要由门锁开关、门锁执行机构和门锁控制器、门锁开关锁扣、各种锁杆（线）等组成。

❷ 门锁执行机构的作用

用于执行驾驶员的指令，将门锁锁止或开启。

❸ 门锁执行机构的类型

门锁执行机构有电磁式、直流电动机式和永磁电动机式3种类型。其结构都是通过改变极性，转换其运动方向而执行锁门或开门动作的。

（1）电磁式锁执行机构：它内设2个线圈，分别用来开启、锁闭门锁，门锁集中操作按钮平时处于中间位置。

当给锁门线圈通正向电流时,衔铁带动连杆左移,门被锁住;当给开门线圈通反向电流时,衔铁带动连杆右移,门被打开。

(2)直流电动机式:直流电动机式执行机构是通过直流电动机转动并经传动装置(传动装置有螺杆传动、齿条传动和直齿轮传动)将动力传给门锁锁扣,使门锁锁扣进行开启或锁止。由于直流电动机能双向转动,所以通过电动机的正反转实现门锁的锁止或开启。这种执行机构与电磁式执行机构相比,耗电量较小。

(3)永磁电动机式结构和直流电动机式的结构及作用基本相同,只是电机定子采用了比直流电动机式的耗电量还要小得多的永久磁铁。

❹ 汽车门锁的工作原理

使用车门锁时,车身控制器将监控"解锁"或"锁定"信号的所有可能来源,它将监控安装在车门上的触控板,并在输入正确代码时解锁车门,它负责监控无线电频率,当密钥卡中的无线电发射器收到正确的数字代码时,车门被解锁。

二 任务实施——汽车电动门锁的拆装及更换

❶ 准备工作

(1)丰田卡罗拉轿车(或其他车型车辆)一辆。
(2)丰田卡罗拉轿车(或相应车辆)维修手册一本。
(3)拆装工具一套。

❷ 技术要求与注意事项

(1)注意拆装安全工作。
(2)正确使用工具。

❸ 操作步骤

1)汽车电动门锁的拆卸
(1)拆卸前门内把手框,见图9-1。
(2)拆卸前扶手座上板,见图9-2。

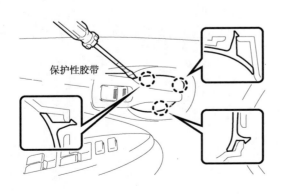

图9-1 拆下前门内把手框

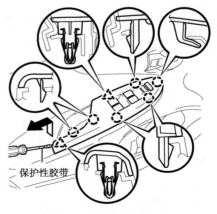

图9-2 拆卸前扶手座上板

(3) 拆卸门控灯总成(带门控灯)，见图9-3。
(4) 拆卸前门装饰板分总成，见图9-4。
(5) 拆卸前门内把手分总成，见图9-5。
(6) 拆卸前门玻璃内密封条。
(7) 拆卸车门装饰板支架，见图9-6。
(8) 拆卸前门检修孔盖，见图9-7。
(9) 拆卸前门玻璃分总成，见图9-8。

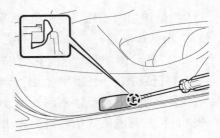

图9-3 拆卸门控灯总成

图9-5 拆卸前门内把手分总成

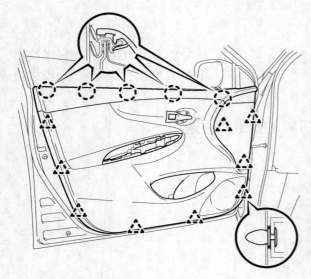

图9-4 拆卸前门装饰板分总成

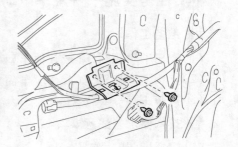

图9-6 拆卸车门装饰板支架

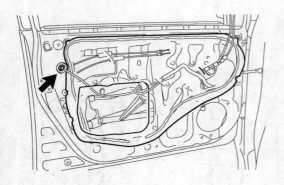

图9-7 拆卸前门检修孔盖

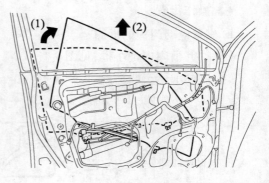

图9-8 拆卸前门玻璃分总成

(10) 拆卸前门玻璃升降槽，见图9-9。
(11) 拆卸前门后下门框分总成，见图9-10。
(12) 拆卸前门外把手盖，见图9-11。
(13) 拆卸前门门锁总成，见图9-12。

项目二 汽车电气设备的拆装

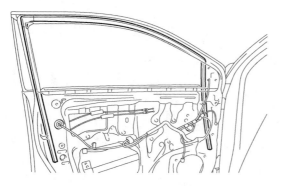

图 9-9 拆卸前门玻璃升降槽

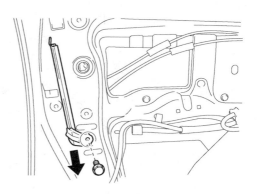

图 9-10 拆卸前门后下门框分总成

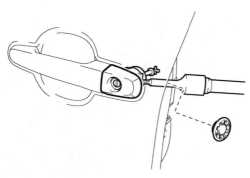

图 9-11 拆卸前门外把手盖

图 9-12 拆卸前门门锁总成

①用"TORX"梅花套筒扳手(T30)拆下 3 个螺钉。

②向下滑动前门门锁总成,并将前门锁开启杆从外把手框中拉出,然后将前门门锁总成和拉索作为一个整体拆下。

③将前门锁开启杆从前门门锁总成上拆下。

④将门锁线束密封从前门门锁总成上拆下。

(14)拆卸前门锁止遥控拉索总成。

(15)拆卸前门内侧锁止拉索总成,见图 9-13。

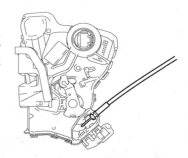

图 9-13 拆下前门内侧锁止拉索总成

使用螺丝刀之前,请在螺丝刀头部缠上胶带。

2)汽车电动门锁的安装(更换)

(1)安装前门内侧锁止拉索总成。

①安装前门内侧锁止拉索,见图 9-14。

② 接合3个卡爪，见图9-15。

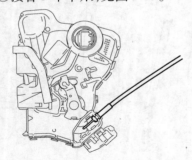

图9-14 安装前门内侧锁止拉索总成

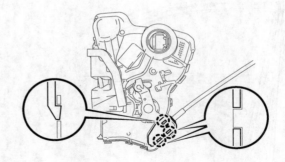

图9-15 接合3个卡爪

（2）安装前门锁止遥控拉索总成，见图9-16。

（3）安装前门门锁总成，见图9-17。

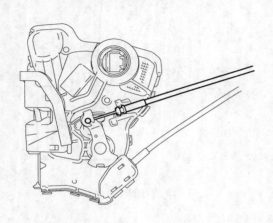

图9-16 安装前门锁止遥控拉索总成

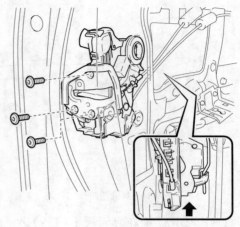

图9-17 安装前门门锁总成

小贴士

（1）重复使用已拆下的前门门锁总成时，给连接器换上一个新的门锁线束密封。

（2）不要使润滑脂或脏物黏附在连接器的门锁线束密封表面。

（3）重复使用门锁线束密封或使用损坏的门锁线束密封可能导致连接部位进水，进而使前门锁总成发生故障。

（4）将通用润滑脂涂抹在前门门锁总成的滑动零件上。

（5）将一个新的门锁线束密封安装到前门门锁总成上。

（6）将前门锁开启杆插入前门门锁总成。

（7）确保前门锁开启杆牢固地连接到前门门锁总成上。

（8）用"TORX"梅花套筒扳手（T30）和3个螺钉安装前门门锁总成，拧紧力矩为5.0N·m。

（4）安装前门外把手盖，见图9-18。

（5）安装前门后下门框分总成，见图9-19。

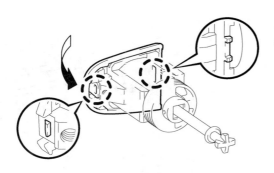

图9-18 安装前门外把手盖

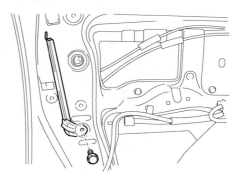

图9-19 安装前门后下门框分总成

（6）安装前门玻璃升降槽，见图9-20。

（7）安装前门玻璃分总成，见图9-21。

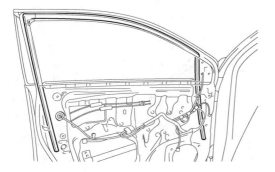

图9-20 安装前门玻璃升降槽

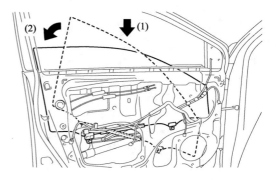

图9-21 安装前门玻璃分总成

（8）安装前门检修孔盖，见图9-22。

（9）安装车门装饰板支架，见图9-23。

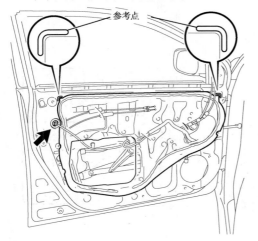

图9-22 安装前门检修孔盖

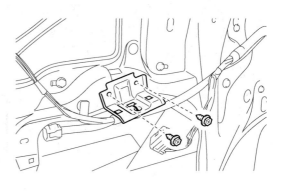

图9-23 安装车门装饰板支架

(10)安装前门玻璃内密封条,见图9-24。
(11)安装前门内把手分总成,见图9-25。

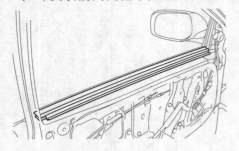

图9-24 安装前门玻璃内密封条　　　　图9-25 安装前门内把手分总成

(12)安装前门装饰板分总成,见图9-26。
(13)安装门控灯总成(带门控灯),见图9-27。

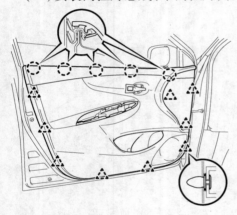
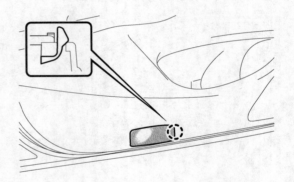

图9-26 安装前门装饰板分总成　　　　图9-27 安装门控灯总成

(14)安装前扶手座上板,见图9-28。
(15)安装前门内把手框,见图9-29。

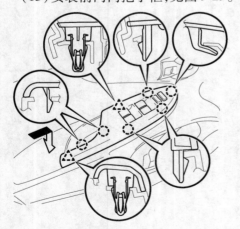
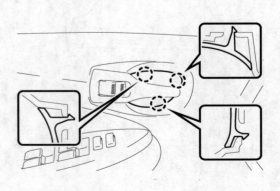

图9-28 安装前扶手座上板　　　　图9-29 安装前门内把手框

三 学习拓展——检查电动门锁总成

（1）检查驾驶员侧前车门门锁总成，按表9-1向电动机端子施加蓄电池电压，查看门锁电动机的工作情况，正常工作状况见图9-30，如果结果不符合规定状态，则更换门锁总成。

测 量 标 准　　　　　　　　　　　　　　　　　　　表9-1

测 量 条 件	规 定 状 态	测 量 条 件	规 定 状 态
蓄电池正极(+)→4(L)； 蓄电池负极(-)→1(UL)	锁止	蓄电池正极(+)→1(UL)； 蓄电池负极(-)→4(L)	解锁

（2）检查门锁位置开关的工作情况见图9-31，测量门锁位置开关的电阻，标准见表9-2，如果结果不符合规定状态，则更换门锁总成。

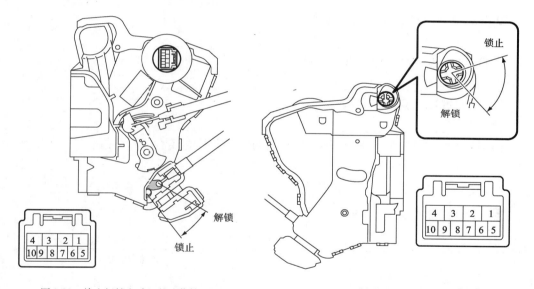

图9-30　检查门锁电动孔的工作情况　　　　　图9-31　测量门锁位置开关的电阻

测 量 标 准　　　　　　　　　　　　　　　　　　　表9-2

检测仪连接	测 量 条 件	门锁状态	规定状态
7-8	蓄电池正极(+)→端子4； 蓄电池负极(-)→端子1	锁止	10kΩ 或更大
7-8	蓄电池正极(+)→端子1； 蓄电池负极(-)→端子4	解锁	小于1Ω

（3）检查车门钥匙锁止和解锁开关的工作情况，测量车门钥匙锁止和解锁时开关的工作电阻，标准见表9-3，如果结果不符合规定状态，则更换门锁总成。

汽车车身电气系统拆装

测量标准 表9-3

检测仪连接	条 件	规 定 状 态
7-9	ON（门锁设置为锁止）	小于1Ω
7-9；7-10	OFF（松开）	10kΩ 或更大
7-10	ON（门锁设置为解锁）	小于1Ω

四 评价与反馈

1 自我评价与反馈

(1)通过本学习任务的学习,你是否已经知道以下问题。

①电动门锁的主要组成部分有哪些？

②电动门锁拆卸注意事项有哪些？

(2)电动门锁电机的检测方法有哪些？

(3)实训过程完成情况如何？

(4)通过本学习任务的学习,你认为自己的知识和技能还有哪些欠缺？

签名：_____   ____年____月____日

2 小组评价与反馈（表9-4）

小组评价表 表9-4

序号	评 价 项 目	评 价 情 况
1	着装是否符合要求	
2	是否能合理规范地使用仪器和设备	
3	是否按照安全和规范的流程操作	
4	是否遵守学习、实训场地的规章制度	
5	是否能保持学习、实训场地整洁	
6	团结协作情况	

参与评价的同学签名：_____   ____年____月____日

3 教师评价及反馈

教师签名：_____   ____年____月____日

五 技能考核标准（表9-5）

技能考核标准表　　　　　　　　　表9-5

序号	项　　目	操 作 内 容	规定分	得分
1	准备	是否做好防护工作	5分	
2	汽车电动门锁的拆卸	是否断开所有线路连接	3分	
		拆卸门控灯总成	3分	
		拆卸前门板装饰总成	3分	
		拆卸前门玻璃总成	3分	
		前门内把手总成	3分	
		拆卸前门检修孔盖	3分	
		拆卸前门门锁总成	3分	
		拆卸前门遥控拉索总成	3分	
		拆下部件是否规范摆放	3分	
3	检查	是否做好检查的准备工作	3分	
		检查工具是否选用得当	3分	
		是否按正确方法检测	5分	
		检测结果是否正确	5分	
		检测结果是否规范记录	3分	
4	汽车电动门锁的安装	安装之前是否做好清洁工作	3分	
		安装前拉索总成	3分	
		安装前门门锁总成	3分	
		安装前门门框分总成	3分	
		安装前门玻璃分总成	3分	
		安装前门检修孔盖	3分	
		安装车门装饰板支架	3分	
		安装前门内把手分总	3分	
		安装前门装饰板分总成	3分	
		安装门控灯总成	3分	
		安装前扶手座上板	3分	
		安装前门内把手框	3分	
		新元件是否选用得当	3分	
5	安全操作及工具使用	操作是否符合安全操作规程,工具使用是否规范	5分	
6	执行5S操作	是否按照规定整理清洁场地	5分	
		总分	100分	

汽车车身电气系统拆装

学习任务 10　汽车电动车窗升降器总成的拆装及更换

 学习目标

★ **知识目标**

知道汽车电动车窗升降器总成的结构及组成。

★ **技能目标**

1. 能正确地对汽车电动车窗升降器总成进行拆卸与组装；
2. 学会对汽车电动车窗升降器进行简单的检查。

建议课时

3课时。

 任务描述

一辆卡罗拉轿车在升降玻璃时，经常出现时好时坏的现象，经送4S店检测，线路、开关等部分都没故障，经确认是电动车窗升降器总成故障，现需更换汽车电动车窗升降器总成。

一　理论知识准备

1　电动车窗升降器的组成

由升降器分总成和升降器电动机总成组成，见图10-1。

2　电动车窗升降器的作用与分类

（1）作用。

玻璃升降器是车门系统中实现车门玻璃升降运动的车门附件，是调节车门玻璃窗开度大小的专用部件，其功能是保证车门窗玻璃平稳升降，并顺利地开启和关闭。

（2）分类。

按动力分为电动式、液压式和手动式。

3　电动车窗升降器的工作原理

通过玻璃升降器手柄调节X形机构主动臂的伸缩摆动，使车窗玻璃上下移动。摇臂手动式是利用钢索拖动玻璃托架沿导槽上下移动。在玻璃与车门之间的玻璃导槽内嵌入橡胶的密封条是为了防止雨水等沿着玻璃导槽流进车内。进入的雨水通过车门下的小孔流出。

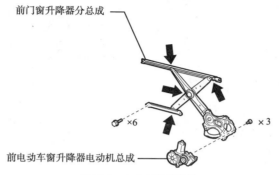

图10-1 电动车窗升降器

每扇车门上均装有一个控制开关,并在驾驶员所在的车门上装有总开关,总开关一般安装在驾驶员容易操作的位置上。总开关上设计一个锁定开关,在锁定开关接通的情况下,各开关均能操纵所在车门的玻璃;在锁定开关断开的情况下,后面两扇车门的电路被切断,门上的开关便失去作用,这种设计的目的是为了增加乘坐人员的安全性。

二 任务实施——汽车电动车窗升降器总成的拆装及更换

❶ 准备工作

(1)丰田卡罗拉轿车(或其他车型车辆)一辆。
(2)丰田卡罗拉轿车(或相应车辆)维修手册一本。
(3)拆装工具一套。

❷ 技术要求与注意事项

(1)注意拆装安全工作。
(2)正确使用工具。

❸ 操作步骤

1)汽车电动车窗升降器总成的拆卸

 小贴士

> 将电缆从蓄电池负极端子上断开,并在断开电缆后等待90s,以防止气囊展开;断开蓄电池电缆后重新连接时,某些系统需要初始化。

(1)拆卸前门内把手框,见图10-2。
(2)拆卸前扶手座上面板,见图10-3。

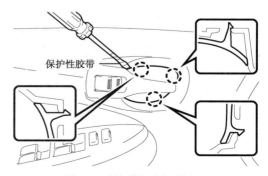

图10-2 拆卸前门内把手框

(3)拆卸门控灯总成(带门控灯),见图10-4。

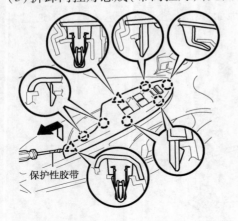

图10-3 拆卸前扶手座上面板

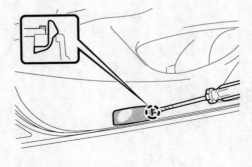

图10-4 拆卸门控灯总成

(4)拆卸前门装饰板分总成,见图10-5。

(5)拆卸前门内把手分总成,见图10-6。

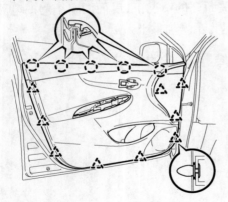

图10-5 拆卸前门装饰板分总成

图10-6 拆卸前门内把手分总成

(6)拆卸前门下门框支架装饰条,见图10-7。

(7)拆卸前门玻璃内密封条,见图10-8。

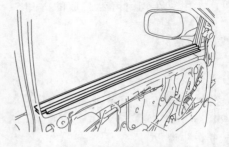

图10-7 拆卸前门下门框支架装饰条

图10-8 拆卸前门玻璃内密封条

(8)拆卸车门装饰板支架,见图10-9。

(9)拆卸前门检修孔盖,见图10-10。

项目二 汽车电气设备的拆装

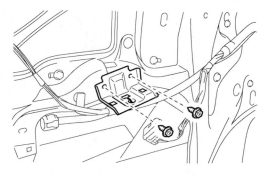

图 10-9 拆卸车门装饰板支架

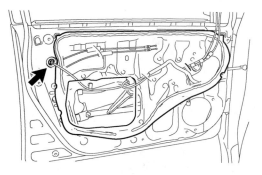

图 10-10 拆卸前门检修孔盖

（10）拆卸前门玻璃分总成，见图 10-11。

（11）拆卸前门车窗升降器分总成，见图 10-12。

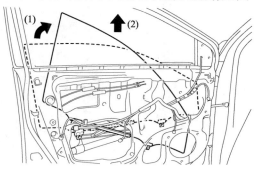

图 10-11 拆卸前门玻璃分总成

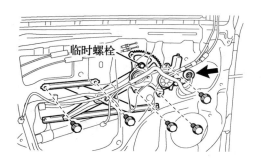

图 10-12 拆卸前门车窗升降器分总成

（12）拆卸前电动车窗升降器电动机总成，见图 10-13。

2）汽车电动车窗升降器总成的安装（更换）

（1）安装前门车窗升降器分总成，见图 10-14。

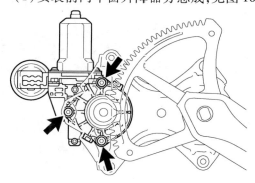

图 10-13 拆卸前电动车窗升降器电动机总成

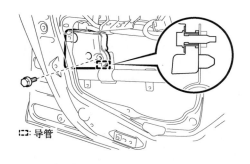

图 10-14 安装前门车窗升降器分总成

（2）安装前门玻璃分总成，见图 10-15。

（3）安装前门检修孔盖，见图 10-16。

（4）安装车门装饰板支架，见图 10-17。

（5）安装前门玻璃内密封条，见图 10-18。

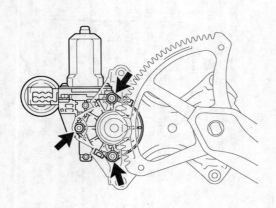

图 10-15 安装前门玻璃分总成

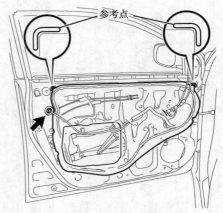

图 10-16 安装前门检修孔盖

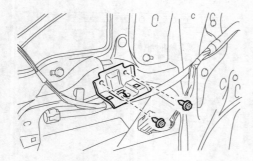

图 10-17 安装车门装饰板支架

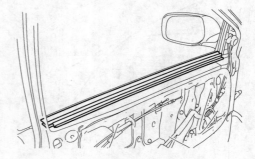

图 10-18 安装前门玻璃内密封条

(6)安装前门下门框支架装饰条,见图 10-19。

(7)安装前门内把手分总成,见图 10-20。

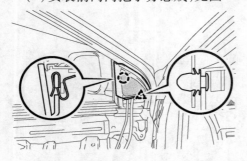

图 10-19 安装前门下门框支架装饰条

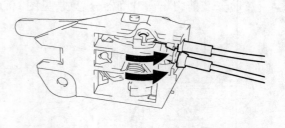

图 10-20 安装前门内把手分总成

(8)安装前门装饰板分总成,见图 10-21。

(9)安装门控灯总成(带门控灯),见图 10-22。

(10)安装前扶手座上板,见图 10-23。

(11)安装前门内把手框,见图 10-24。

(12)将电缆连接到蓄电池负极端子。

(13)初始化电动车窗控制系统。

项目二 汽车电气设备的拆装

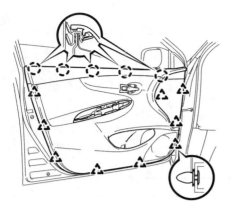

图 10-21 安装前门内把手分总成

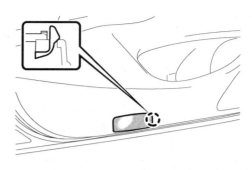

图 10-22 安装门控灯总成

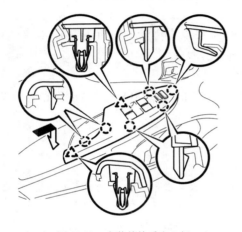

图 10-23 安装前扶手座上板

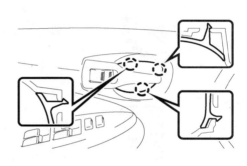

图 10-24 安装前门内把手框

三 学习拓展——检查电动车窗升降器电动机总成

（1）检查驾驶员侧电动车窗升降器电动机，见图 10-25。根据表 10-1，向电动机连接器施加蓄电池电压，如果结果不符合规定状态，更换电动机总成。

小贴士

不要向端子 1、2、4、7 和 10 之外的任何端子施加蓄电池电压。

测 量 标 准　　　　　　　　　　　　　　　　　　　　　表 10-1

开关状态	测量条件	规定状态
手动操作	蓄电池正极（+）→端子 2（B）； 蓄电池负极（−）→端子 1（GND），7（DWN1）	电动机齿轮顺时针旋转
	蓄电池正极（+）→端子 2（B）； 蓄电池负极（−）→端子 1（GND），10（UP1）	电动机齿轮逆时针旋转

续上表

开关状态	测量条件	规定状态
自动操作	蓄电池正极(+)→端子2(B); 蓄电池负极(-)→端子1(GND),4(AUTO),7(DWN1)	电动机齿轮顺时针旋转
	蓄电池正极(+)→端子2(B); 蓄电池负极(-)→端子1(GND),4(AUTO),10(UP1)	电动机齿轮逆时针旋转

(2) 检查前排乘客侧电动车窗升降器电动机,见图10-26。

小贴士

必须在车辆安装有电动车窗升降器和车门玻璃的情况下才能执行此操作。

①将电子检测仪的DC400A探针连接至端子2的线束。

小贴士

使探针的箭头标记和电流方向相符。

图10-25 电动车窗升降器电动机

②通过按下电动车窗UP开关,完全关闭车门玻璃,等待大约60s。

③继续按下电动车窗UP开关,并测算电流从16~28A的范围变化至约1A需多长时间,检查电流是否切断,正常标准是4~90s,如果结果不符合规定,更换电动车窗升降器电动机。

④上一步骤60s后,按下乘客侧电动车窗DOWN开关,乘客侧车窗应正常下降。如果结果不符合规定,更换电动车窗升降器电动机,见图10-27。

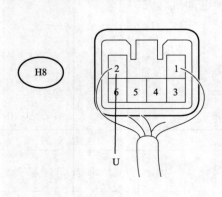

图10-26 乘客侧电动车窗升降器电动机接口

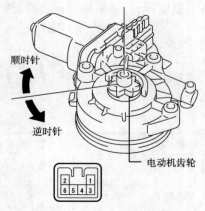

图10-27 乘客侧电动车窗升降器电动机

四 评价与反馈

❶ 自我评价与反馈

(1) 通过本学习任务的学习,你是否已经知道以下问题。

① 电动车窗的主要组成部分有哪些?
_____

② 电动车窗拆卸注意事项有哪些?
_____

(2) 电动车窗电动机的检测方法有哪些?
_____

(3) 实训过程完成情况如何?
_____

(4) 通过本学习任务的学习,你认为自己的知识和技能还有哪些欠缺?
_____

签名:_____　　_____年____月____日

❷ 小组评价与反馈(表10-2)

小组评价表　　　　　　　　　　　　　　　　　表10-2

序号	评价项目	评价情况
1	着装是否符合要求	
2	是否能合理规范地使用仪器和设备	
3	是否按照安全和规范的流程操作	
4	是否遵守学习、实训场地的规章制度	
5	是否能保持学习、实训场地整洁	
6	团结协作情况	

参与评价的同学签名:_____　　_____年____月____日

❸ 教师评价及反馈

_____
_____

教师签名:_____　　_____年____月____日

五 技能考核标准（表10-3）

技能考核标准表　　　　　　　　表10-3

序号	项目	操 作 内 容	规定分	得分
1	准备	是否做好防护工作	5分	
2	汽车电动车窗升降器总成的拆卸	是否断开所有线路连接	3分	
		拆卸门控灯总成	3分	
		拆卸前门板装饰总成	3分	
		拆卸前门玻璃总成	3分	
		前门内把手总成	3分	
		拆卸前门检修孔盖	3分	
		拆卸前门车窗升降器分总成	3分	
		拆卸前门窗升降器电动机总成	3分	
		拆下部件是否规范摆放	3分	
3	检查	是否做好检查的准备工作	3分	
		检查工具是否选用得当	3分	
		是否按正确方法检测	5分	
		检测结果是否正确	5分	
		检测结果是否规范记录	3分	
4	汽车电动车窗升降器总成的安装	安装之前是否做好清洁工作	3分	
		安装前门车窗升降器分总成	3分	
		安装前门玻璃分总成	3分	
		安装前门检修孔盖	3分	
		安装车门装饰板支架	3分	
		安装前门玻璃内密封条	3分	
		安装前门下门框支架装饰条	3分	
		安装前门内把手分总成	3分	
		安装前门装饰板分总成	3分	
		安装门控灯总成	3分	
		安装前门内把手框	3分	
		连接蓄电池负极端子	3分	
		新元件是否选用得当	3分	
5	安全操作及工具使用	操作是否符合安全操作规程，工具使用是否规范	5分	
6	执行5S操作	是否按照规定整理清洁场地	5分	
		总分	100分	

学习任务 11　汽车电动后视镜的拆装及更换

学习目标

 知识目标

知道汽车电动后视镜的结构及组成。

 技能目标

1. 能正确地对汽车电动后视镜进行拆卸与安装；
2. 能对汽车电动后视镜零部件进行简单的检查与更换。

建议课时

3 课时。

 任务描述

有一辆丰田卡罗拉轿车的电动后视镜不能进行调节，经维修人员检查确认其电动后视镜的控制线路正常，故障为电动后视镜损坏，现需要对电动后视镜进行拆装及更换。

一　理论知识准备

1　电动后视镜的结构

电动外后视镜主要以枢轴为中心，由能使后视镜进行上下和左右方向灵活变换位置的两个独立的微电动机、永久磁铁及霍尔 IC 等组成。后视镜有一个开关控制，能多方向运动，可使一个微电动机工作或两个微电动机同时工作。

2　后视镜的作用与分类

（1）作用。

汽车后视镜反映汽车后方、侧方和下方的情况，使驾驶者可以间接看清这些位置的情况，起到第二只眼睛的作用，扩大了驾驶者的视野范围。

（2）分类。

后视镜以安装位置可划分为外后视镜、下后视镜和内后视镜三类。轿车及其他轻型乘用车一般装配外后视镜和内后视镜，大型商用汽车（大客车和大货车）一般装配外后视镜、下后视镜和内后视镜。

> 汽车后视镜属于重要安全部件,其镜面、外形和操纵都颇有讲究。它的质量及安装都有相应的行业标准。

二 任务实施——汽车电动后视镜的拆装及更换

1 准备工作

(1)丰田卡罗拉轿车(或其他车型车辆)一辆。
(2)丰田卡罗拉轿车(或相应车型)维修手册一本。
(3)拆装工具一套。

2 操作步骤

1)汽车电动后视镜的拆卸
(1)拆卸前门内把手框。
使用头部缠有保护胶带的螺丝刀,脱开3个卡爪并拆下前门内把手框,见图11-1。
(2)拆卸前扶手座上板。
①使用头部缠有保护胶带的螺丝刀,脱开2个卡子和6个卡爪,拆下前扶手座上板,见图11-2。
②断开连接器。

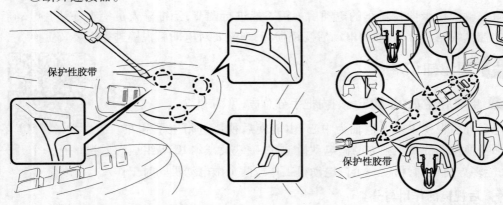

图11-1 拆卸前门内把手框　　　　图11-2 拆卸前扶手座上板

(3)拆卸门控灯总成(带门控灯)。
①使用头部缠有保护胶带的螺丝刀,脱开卡爪并拆下门控灯总成,见图11-3。
②断开连接器。
(4)拆卸前门装饰板分总成。
①使用头部缠有保护胶带的螺丝刀,脱开卡爪并断开车门扶手盖,见图11-4。

项目二　汽车电气设备的拆装

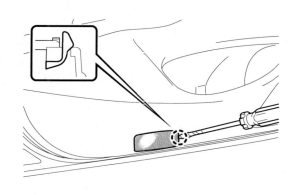

图11-3　拆卸门控灯总成（带门控灯）

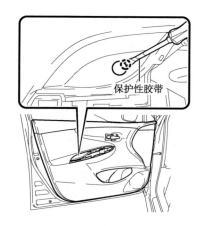

图11-4　脱开卡爪并断开车门扶手盖

②拆下2个螺钉，见图11-5。
③使用卡子拆卸工具，脱开9个卡子。
④脱开5个卡爪并从前门玻璃内密封条上分开前门装饰板分总成，见图11-6。

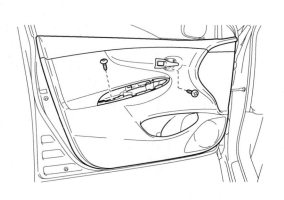

图11-5　拆下2个螺钉

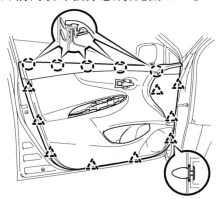

图11-6　分开前门装饰板分总成

⑤脱开2个卡爪，并断开前门内把手分总成，见图11-7。
（5）拆卸前门下门框支架装饰条。
①脱开卡子和卡夹，并拆下前门下门框支架装饰条，见图11-8。

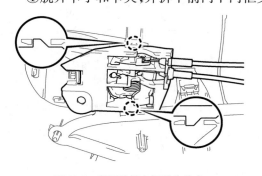

图11-7　断开前门内把手分总成

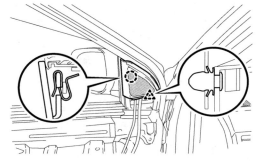

图11-8　拆卸前门下门框支架装饰条

②断开连接器。
(6)拆卸带盖的车外后视镜总成。
①断开连接器。
②拆下3个螺栓。
③拆下带盖的车外后视镜总成。
(7)拆卸车外后视镜玻璃(不带加热器)。
①将保护性胶带贴到车门后视镜的遮阳板底部。
②推动后视镜镜面的上部,使其倾斜。
③用防护条拆卸工具脱开2个卡爪,见图11-9。
④脱开车外后视镜上部的2个导销,见图11-10。
⑤拆下车外后视镜玻璃。

图11-9　脱开2个卡爪

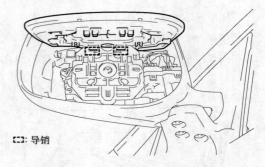

图11-10　脱开后视镜上部的2个导销

(8)拆卸车外后视镜玻璃(带加热器)。
①将保护性胶带贴到车门后视镜的遮阳板底部。
②推动后视镜镜面的上部,使其倾斜。
③用防护条拆卸工具脱开2个卡爪,见图11-11。
④脱开车外后视镜上部的2个导销,见图11-12。

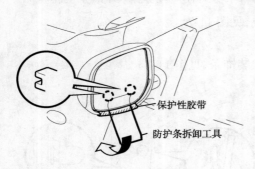

图11-11　脱开2个卡爪

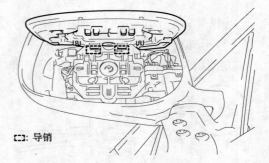

图11-12　脱开后视镜上部的2个导销

⑤断开连接器,并拆下车外后视镜玻璃,见图11-13。
(9)拆卸车外后视镜盖。
①拆卸车外后视镜玻璃(不带加热器)(参见第(7)步)。

②拆卸车外后视镜玻璃(带加热器)(参见第(8)步)。

③拆卸车外后视镜盖。脱开7个卡爪,并将车外后视镜盖从带盖的车外后视镜总成上拆下,见图11-14。

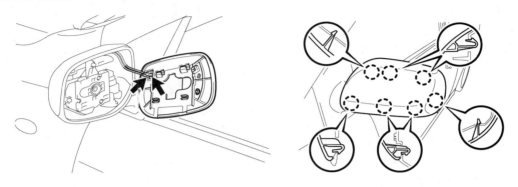

图11-13　断开连接器

图11-14　拆卸车外后视镜盖

2)汽车电动后视镜的安装(更换)

(1)安装车外后视镜盖。

接合7个卡爪,以将车外后视镜盖安装至带盖的车外后视镜总成。

(2)安装车外后视镜玻璃(带加热器)。

①连接连接器,见图11-15。

②将车外后视镜玻璃上部的2个导销接合到车外后视镜,见图11-16。

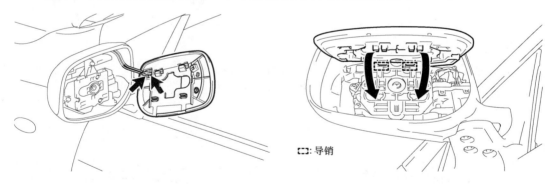

图11-15　连接连接器

图11-16　将2个导销接合到后视镜

③将车外后视镜玻璃下部的2个卡爪接合到车外后视镜,见图11-17。

(3)安装车外后视镜玻璃(不带加热器)。

①将车外后视镜玻璃上部的2个导销接合到车外后视镜,见图11-18。

②将车外后视镜玻璃下部的2个卡爪接合到车外后视镜,见图11-19。

(4)安装带盖的车外后视镜总成。

①接合卡爪,并暂时安装带盖的车外后视镜总成。

②安装3个螺栓。

③连接连接器。

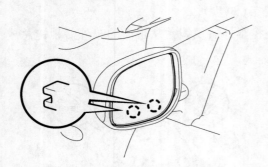

图11-17 将2个卡爪接合到后视镜

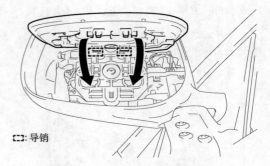

□：导销

图11-18 将2个导销接合到后视镜

（5）安装前门下门框支架装饰条。

①接合卡子和卡夹，并安装前门下门框支架装饰条，见图11-20。

②连接连接器。

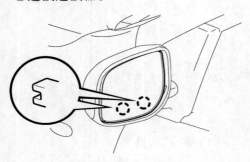

图11-19 将2个卡爪接合到后视镜

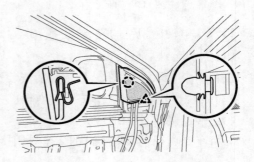

图11-20 安装前门下门框支架装饰条

（6）安装前门装饰板分总成。

①用前门玻璃内密封条上的5个卡爪接合前门装饰板。

②接合9个卡子，将前门装饰板安装到前门板上，见图11-21。

③安装2个螺钉，见图11-22。

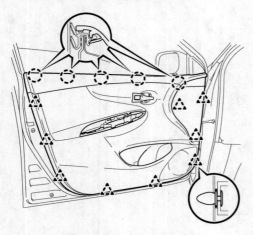

图11-21 安装前门装饰板

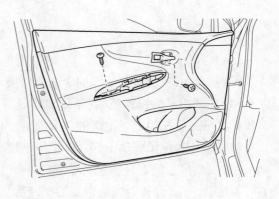

图11-22 安装2个螺钉

④接合卡爪,连接车门扶手盖。

(7)安装门控灯总成(带门控灯)。

①连接连接器,见图11-23。

②接合卡爪,安装门控灯总成,见图11-24。

(8)安装前扶手座上板。

①连接连接器,见图11-25。

②接合2个卡子和6个卡爪,安装前扶手座上板,见图11-26。

(9)安装前门内把手框。

接合3个卡爪,安装前门内把手框,见图11-27。

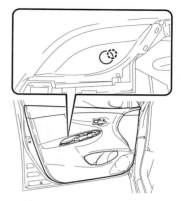

图 11-23 连接连接器

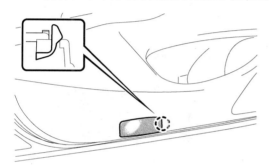

图 11-24 接合卡爪

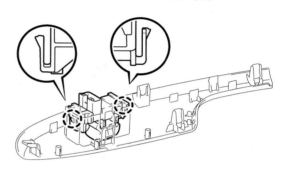

图 11-25 连接连接器

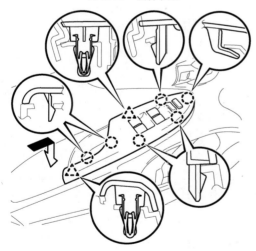

图 11-26 安装前扶手座上板

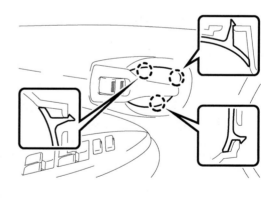

图 11-27 安装前门内把手框

 小贴士

由于汽车电动后视镜的零部件大部分是塑料材质的,因此,在拆解时,不要用力过大以保证其零部件和相关线束的完好。

(10)调整并验证汽车电动后视镜的工作情况。

三 学习拓展——车内后视镜总成的拆装

1 车内后视镜总成的拆卸

(1)拆下螺钉。

(2)按照箭头所指的方向滑动车内后视镜总成,将其拆下,见图11-28。

2 车内后视镜总成的安装

(1)按照箭头所指的方向滑动车内后视镜总成,以将其安装好,见图11-29。

(2)使用"TORX"梅花套筒扳手(T20),用螺钉安装车内后视镜。

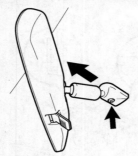
图11-28　车内后视镜总成的拆卸图

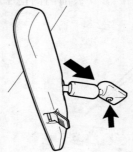
图11-29　车内后视镜总成的安装

四 评价与反馈

1 自我评价与反馈

(1)后视镜类型有哪些?

(2)电动后视镜的拆装操作过程用到了哪些设备?

(3)实训过程完成情况如何?

(4)通过本学习任务的学习,你认为自己的知识和技能还有哪些欠缺?

签名:＿＿＿＿＿＿　　　＿＿＿年＿＿月＿＿日

2 小组评价与反馈(表11-1)

小组评价表　　　　　　　　　　　　　　表11-1

序号	评价项目	评价情况
1	着装是否符合要求	
2	是否能合理规范地使用仪器和设备	
3	是否按照安全和规范的流程操作	

续上表

序号	评 价 项 目	评 价 情 况
4	是否遵守学习、实训场地的规章制度	
5	是否能保持学习、实训场地整洁	
6	团结协作情况	

参与评价的同学签名：_____　　_____年___月___日

❸ 教师评价及反馈

_____

_____

_____

　　　　　教师签名：_____　　_____年___月___日

五 技能考核标准（表11-2）

技能考核标准表　　　　　　　　　　　　表11-2

序号	项　　目	操 作 内 容	规定分	得分
1	电动后视镜的拆卸	拆卸前门内把手框	5分	
		拆卸前扶手座上板	5分	
		拆卸门控灯总成（带门控灯）	5分	
		拆卸前门装饰板分总成	5分	
		拆卸前门下门框支架装饰条	5分	
		拆卸带盖的车外后视镜总成	5分	
		拆卸车外后视镜玻璃	10分	
		拆卸车外后视镜盖	5分	
2	电动后视镜的安装	安装车外后视镜盖	5分	
		安装车外后视镜玻璃	10分	
		安装带盖的车外后视镜总成	5分	
		安装前门下门框支架装饰	5分	
		安装前门装饰板分总成	5分	
		安装门控灯总成（带门控灯）	5分	
		安装前扶手座上板	5分	
		安装前门内把手框	5分	
3	安全操作及工具使用	操作是否符合安全操作规程，工具使用是否规范	5分	
4	执行5S操作	是否按照规定整理清洁场地	5分	
		总分	100分	

学习任务12 汽车电动刮水器总成拆装及其电动机的更换

学习目标

★ 知识目标

1. 知道电动刮水器的零部件组成；
2. 知道电动刮水器的刮水器的作用与分类。

★ 技能目标

1. 能正确地对电动刮水器进行拆装；
2. 能进行电动刮水器零部件的简单更换操作。

建议课时

4课时。

任务描述

有一辆丰田卡罗拉轿车的电动刮水器不工作，经维修人员检查确认其电动刮水器的控制线路正常，故障原因系电动刮水器损坏，现需要对电动刮水器进行更换。

一 理论知识准备

1 电动刮水器的组成

电动刮水器是由刮水器连杆总成和刮水器电动机总成组成，如图12-1所示。

刮水器电动机总成是整个刮水器系统的动力来源和核心部件，常见的刮水器电动机总成主要由直流电动机、蜗轮蜗杆传动系统两大部分构成。

2 刮水器的作用与分类

（1）作用。

汽车电动刮水器是用来刮除附着于车辆风窗玻璃上的雨点与灰尘的设备，以改善能见度，增加行车安全。

（2）分类。

刮水器有真空式、气动式、电动式和机械式等多种，但目前刮水器多数采用电动式，它是由直流电动机和一套传动机构组成,将电动机旋转经减速和传动机构的作用变成刮水器臂的摆动。

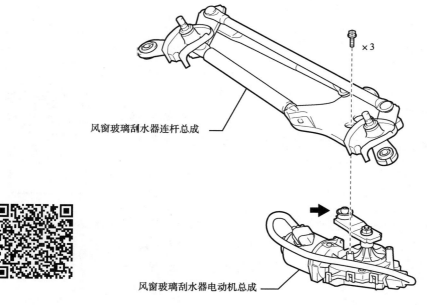

图 12-1　电动刮水器的组成

二　任务实施——汽车电动刮水器总成拆装及其电动机的更换

1　准备工作

(1)丰田卡罗拉轿车(或其他车型车辆)一辆。
(2)丰田卡罗拉轿车(或相应车型)维修手册一本。
(3)拆装工具一套。

2　操作步骤

1)电动刮水器的拆卸
(1)拆卸前刮水器臂端盖。
拆下 2 个端盖,见图 12-2。
(2)拆下螺母及左前刮水器臂和刮水片总成,见图 12-3。

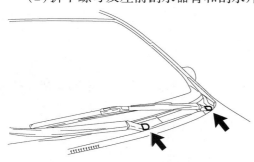

图 12-2　拆下 2 个端盖

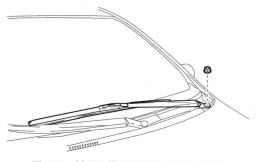

图 12-3　拆下左前刮水器臂和刮水片总成

(3)拆下螺母及右前刮水器臂和刮水片总成,见图12-4。

(4)脱开7个卡子并拆下发动机舱盖至前围上板密封,见图12-5。

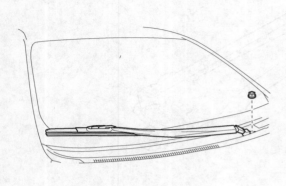

图12-4 拆卸右前刮水器臂和刮水片总成

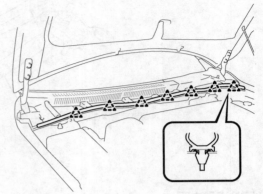

图12-5 拆卸发动机舱盖至前围上板密封

(5)脱开卡子和14个卡爪,并拆下右前围板上通风栅板,见图12-6。

(6)脱开卡子和8个卡爪,并拆下左前围板上通风栅板,见图12-7。

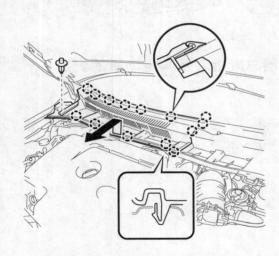

图12-6 拆卸右前围板上通风栅板

图12-7 拆下左前围板上通风栅板

(7)拆卸刮水器电动机及连杆总成,见图12-8。

①断开连接器。

②拆下2个螺栓和刮水器电动机和连杆总成。

(8)拆卸刮水器电动机总成。

①用头部缠有胶带的螺丝刀从风窗玻璃刮水器电动机总成的曲柄臂枢轴上断开刮水器臂,见图12-9。

②从线束上拆下绝缘胶布,以便断开连接器,见图12-10。

③断开连接器。

④拆下3个螺栓和刮水器电动机总成,见图12-11。

项目二 汽车电气设备的拆装

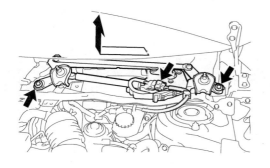

图12-8 拆卸刮水器电动机及连杆总成

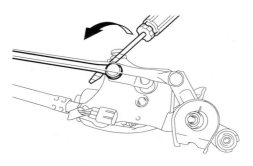

图12-9 断开风窗玻璃刮水器臂

图12-10 拆下绝缘胶布以断开连接器

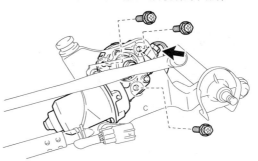

图12-11 拆下3个螺栓和刮水器电动机总成

如果不能从刮水器连杆总成上拆下刮水器电动机总成,则转动曲柄臂以便能拆下刮水器电动机总成。

2）电动刮水器的安装

（1）安装刮水器电动机总成。

①用3个螺栓安装刮水器电动机总成,见图12-12。

②连接连接器。

③用新的绝缘胶布包裹线束,见图12-13。

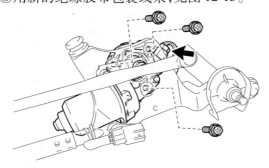

图12-12 安装刮水器电动机总成

图12-13 用新的绝缘胶布包裹线束

115

对于除去绝缘胶布的部位,使用新的绝缘胶布包裹,使线束紧固在板上。

④在刮水器电动机总成的曲柄臂枢轴上涂抹通用润滑脂,见图12-14。
⑤将刮水器连杆总成连接至刮水器电动机总成的曲柄臂枢轴,见图12-15。

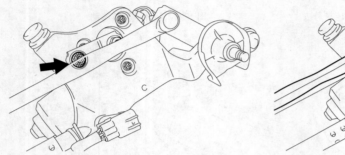

图12-14 涂抹通用润滑脂　　　　　　　图12-15 将连杆总成与电动机曲柄臂枢轴连接

(2)安装刮水器电动机和连杆总成。
①使用2个螺栓安装刮水器电动机和连杆总成。
②连接连接器,见图12-16。
(3)接合卡子和8个卡爪,并安装左前围板上通风栅板,见图12-17。
(4)接合卡子和14个卡爪,并安装右前围板上通风栅板,见图12-18。
(5)接合7个卡子并安装发动机舱盖至前围上板密封,见图12-19。
(6)安装右前刮水器臂和刮水片总成。

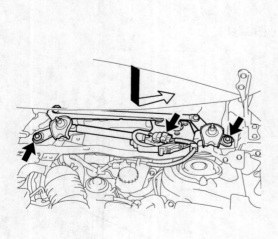
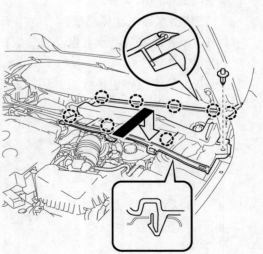

图12-16 安装刮水器电动机和连杆总成　　　图12-17 安装左前围板上通风栅板

项目二 汽车电气设备的拆装

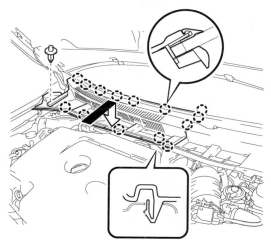

图 12-18 安装右前翼板上通风栅板

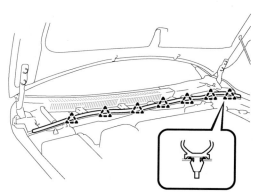

图 12-19 安装发动机舱盖至前围上板密封

①操作刮水器并在自动停止位置停止刮水器电动机。
②清洁刮水器臂齿面。
③在重新安装时,使用钢丝刷清洁刮水器枢轴齿面,见图 12-20。
④用螺母安装右前刮水器臂和刮水片总成。

小贴士

用手握住臂铰链以紧固螺母。

(7)安装左前刮水器臂和刮水片总成。
①操作刮水器并在自动停止位置停止刮水器电动机,见图 12-21。

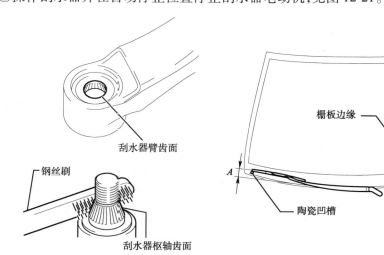

图 12-20 清洁刮水器臂齿面及枢轴齿面　　图 12-21 在自动停止位置停止刮水器电动机

②清洁刮水器臂齿面。
③在重新安装时,使用钢丝刷清洁刮水器枢轴齿面。
④用螺母安装左前刮水器臂和刮水片总成。

用手握住臂铰链以紧固螺母。

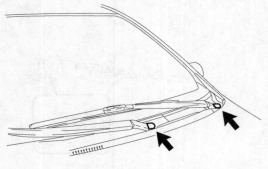

图12-22 安装前刮水器臂端盖

⑤在风窗玻璃上喷射清洗液的同时,操作前刮水器,确保前刮水器功能正常,且刮水器不与车身接触。

(8)安装前刮水器臂端盖。
安装2个端盖,见图12-22。

(9)调整并验证汽车电动刮水器总成的工作情况。

三 学习拓展——电动刮水器电动机总成的检查

1 检查电动机低速(LO)操作

将蓄电池正极(+)引线连接至端子5(+1),并将蓄电池负极(-)引线连接至端子4(E),同时检查并确认电动机低速(LO)运行。

正常:电动机低速(LO)运行。

2 检查电动机高速(HI)操作

将蓄电池正极(+)引线连接至端子3(+2),并将蓄电池负极(-)引线连接至端子4(E),同时检查并确认电动机高速(HI)运行。

正常:电动机高速(HI)运行。

3 检查自动停止运行(轿车)

将蓄电池正极(+)引线连接至端子5(+1),将蓄电池负极(-)引线连接至端子4(E)。

电动机低速(LO)旋转时,断开端子5(+1)使刮水器电动机停止在除自动停止位置外的任何位置。

用SST连接端子1(+S)和5(+1),然后将蓄电池正极(+)引线连接至端子2(B),并将蓄电池负极(-)引线连接至端子4(E),以使电动机以低速(LO)重新起动,见图12-23。

4 检查并确认电动机在自动停止位置自动停止(图12-24)

正常:电动机在自动停止位置自动停止。

如果结果不符合规定,则更换电动机总成。

项目二　汽车电气设备的拆装

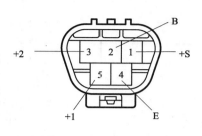

图12-23　电动机线束连接器

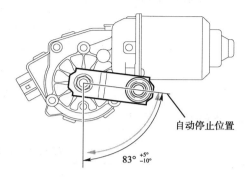

图12-24　确认电动机在自动停止位置自动停止

四　评价与反馈

1 自我评价与反馈

(1) 电动刮水器由哪些零部件组成？
_____

(2) 电动刮水器的工作原理是什么？
_____

(3) 电动刮水器电动机的拆装操作过程中用到了哪些工具？
_____

(4) 实训过程完成情况如何？
_____

(5) 通过本学习任务的学习，你认为自己的知识和技能还有哪些欠缺？
_____

签名：_____　　　___年___月___日

2 小组评价与反馈（表12-1）

小组评价表　　　　　　　　　　表12-1

序号	评价项目	评价情况
1	着装是否符合要求	
2	是否能合理规范地使用仪器和设备	
3	是否按照安全和规范的流程操作	
4	是否遵守学习、实训场地的规章制度	
5	是否能保持学习、实训场地整洁	
6	团结协作情况	

参与评价的同学签名：_____　　　___年___月___日

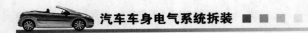

3 教师评价及反馈

_____
_____
_____

教师签名：_____　　　____年____月____日

五 技能考核标准（表12-2）

技能考核标准表　　　　　　　　　　表12-2

序号	项　目	操 作 内 容	规定分	得分
1	电动刮水器的拆卸	拆卸前刮水器臂端盖	4分	
		拆卸左前刮水器臂和刮水片总成	4分	
		拆卸右前刮水器臂和刮水片总成	4分	
		拆卸发动机舱盖至前围上板密封	4分	
		拆卸右前围板上通风栅板	5分	
		拆卸左前围板上通风栅板	5分	
		拆卸风窗玻璃刮水器电动机及连杆总成	5分	
		拆卸风窗玻璃刮水器电动机总成	5分	
2	刮水器电动机的检查	检查LO操作	5分	
		检查HI操作	5分	
		检查自动停止运行(轿车)	5分	
3	电动刮水器的安装	安装风窗玻璃刮水器电动机总成	5分	
		安装风窗玻璃刮水器电动机及连杆总成	5分	
		安装左前围板上通风栅板	5分	
		安装右前围板上通风栅板	5分	
		安装发动机舱盖至前围上板密封	5分	
		安装右前刮水器臂和刮水片总成	5分	
		安装左前刮水器臂和刮水片总成	5分	
		安装前刮水器臂端盖	4分	
4	安全操作及工具使用	操作是否符合安全操作规程,工具使用是否规范	5分	
5	执行5S操作	是否按照规定整理清洁场地	5分	
		总分	100分	

项目二 汽车电气设备的拆装

学习任务 13 汽车风窗玻璃清洗器的拆装及其电动机的更换

学习目标

★ **知识目标**

1. 知道风窗玻璃清洗器的零部件组成；
2. 了解风窗玻璃清洗器的工作原理。

★ **技能目标**

1. 能正确地对风窗玻璃清洗器电动机进行拆装；
2. 能进行风窗玻璃清洗器零部件的简单检查与更换操作。

建议课时

4 课时。

有一辆丰田卡罗拉轿车的风窗玻璃清洗器不能喷水，经维修人员检查确认其风窗玻璃清洗器的控制线路正常，故障原因系风窗玻璃清洗器电动泵损坏，现需要对风窗玻璃清洗器电动泵进行更换。

一 理论知识准备

❶ 风窗玻璃清洗器的组成

风窗玻璃清洗器由喷嘴、输液管、二通接头、储液缸、箱盖、电动泵及衬垫等组成，见图 13-1。

❷ 风窗玻璃清洗器的作用

风窗玻璃清洗器是配合刮水器使用的，其作用是及时清除风窗玻璃上的尘土及污物，保持驾驶员的良好视线。

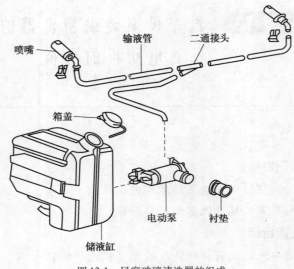

图 13-1　风窗玻璃清洗器的组成

二　任务实施——汽车风窗玻璃清洗器的拆装及其电动机的更换

1　准备工作

（1）丰田卡罗拉轿车（或其他车型车辆）一辆。
（2）丰田卡罗拉轿车（或相应车型）维修手册一本。
（3）拆装工具一套。

2　操作步骤

1）风窗玻璃清洗器的拆卸

（1）拆卸散热器上空气导流板。

拆下 6 个卡子及散热器上空气导流板，见图 13-2。

（2）拆卸散热器格栅防护罩。

拆下 2 个散热器格栅防护罩，见图 13-3。

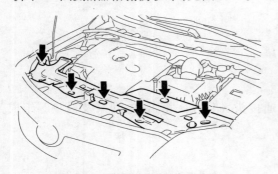

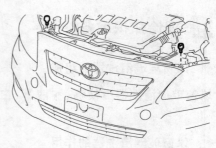

图 13-2　拆卸散热器上空气导流板　　　　图 13-3　拆卸散热器格栅防护罩

（3）拆卸前保险杠总成。

①使用螺丝刀，将销转动 90°并拆下销固定卡子，见图 13-4。

右侧与左侧程序相同。

②拆下卡子,见图13-5。

图13-4 拆下销固定卡子

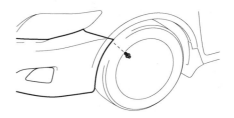

图13-5 拆下卡子

右侧与左侧程序相同。

③沿前保险杠总成四周粘贴保护性胶带。
④拆下6个螺钉、2个螺栓及3个卡子,见图13-6。
⑤脱开5个卡爪并拆下前保险杠总成,见图13-7。
⑥断开连接器(带雾灯或侦测声呐系统)。

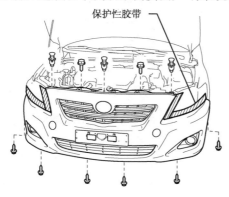

图13-6 拆下螺钉、螺栓及卡子

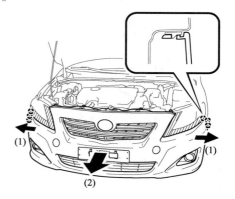

图13-7 拆下前保险杠总成

(4)排空清洗液。
从风窗玻璃清洗器电动机及泵总成上断开清洗器软管,并排放清洗液,见图13-8。
(5)拆卸风窗玻璃清洗器电动机及泵总成。
①断开连接器,见图13-9。
②拆下风窗玻璃清洗器电动机及泵总成。

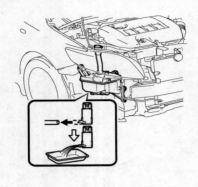

图13-8　排空清洗液

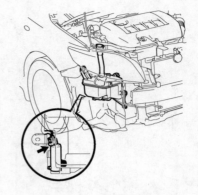

图13-9　断开连接器

2）风窗玻璃清洗器的安装

(1)安装风窗玻璃清洗器电动机及泵总成。

①安装风窗玻璃清洗器电动机及泵总成,见图13-10。

②连接连接器。

(2)将清洗液罐注满清洗液。

将清洗器软管连接至风窗玻璃清洗器电动机及泵总成,并将清洗液罐注满清洗液,见图13-11。

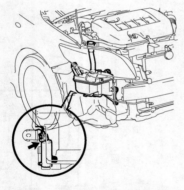

图13-10　安装清洗器电动机及泵总成

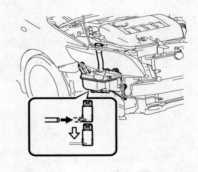

图13-11　将清洗液罐注满清洗液

(3)安装前保险杠总成。

①断开雾灯连接器(带雾灯或侦测声呐系统)。

②接合6个卡爪并安装前保险杠总成,见图13-12。

③安装6个螺钉、3个卡子及2个螺栓,见图13-13。

④安装销固定卡夹,见图13-14。

右侧与左侧程序相同。

项目二　汽车电气设备的拆装

图13-12　断开雾灯连接器并接合6个卡爪

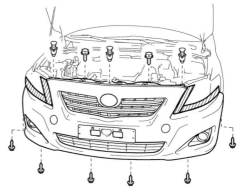

图13-13　安装螺钉、卡子及螺栓

⑤安装卡子,见图13-15。

> **小贴士**
>
> 右侧与左侧程序相同。

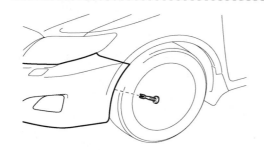

图13-14　安装销固定卡夹

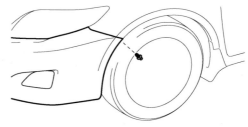

图13-15　安装卡子

（4）安装2个散热器格栅防护罩,见图13-16。

（5）安装散热器上空气导流板。

安装6个卡子及散热器上空气导流板,见图13-17。

图13-16　安装散热器格栅防护罩

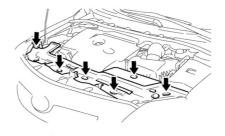

图13-17　安装散热器上空气导流板

（6）雾灯对光的车辆准备工作。

①确保雾灯周围的车身没有损坏或变形。

②加注燃油，确保油液加注到规定液位。
③确保发动机冷却液加注到规定液位。
④将轮胎充气至适当压力。
⑤将行李舱及车辆卸载，确保备胎、工具及千斤顶在原来的位置。

⑥让一个一般体重（75kg）的人坐在驾驶员座椅上。

⑦对于带有高度可调悬架的车辆，应在调整雾灯对光前将车辆高度调节到最低。

（7）雾灯对光准备工作。

①准备车辆，见图13-18。

a. 将车辆放置在足够黑暗的环境中，以便可以清晰观察到明暗截止线。

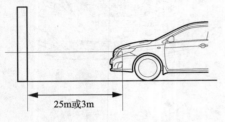

图13-18 车辆准备

b. 将车辆与墙壁呈90°角停放。
c. 在车辆（雾灯灯泡中心）及墙壁之间空出25m距离。
d. 确保车辆处在水平表面上。
e. 上下弹动车辆以使悬架就位。

小贴士

为了保证对光调整准确，在车辆（雾灯灯泡中心）及墙壁之间必须空出25m距离。如果没有足够的距离，应保证有3m的距离以进行雾灯对光检查及调整（目标区域的大小会随距离而变化，所以应遵循插图中的说明）。

②准备一张厚一些的白纸（约2m（高）×4m（宽））作为屏幕。
③沿屏幕中心向下画一条垂直线（V线）。
④安放屏幕，见图13-19。

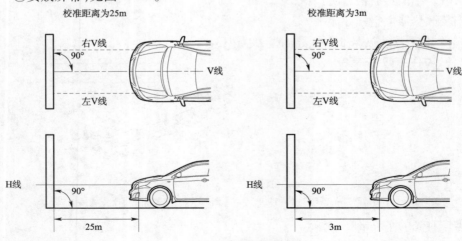

图13-19 屏幕安放

将屏幕与地面垂直放置；将屏幕上的 V 线与车辆中心对准。

⑤在屏幕上画基线(H 线、左 V 线及右 V 线)，见图 13-20。

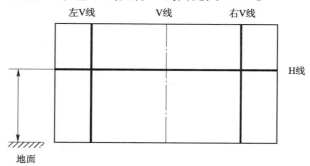

图 13-20　雾灯灯泡中心标记

在屏幕上做出雾灯灯泡中心标记。如果在雾灯上不能观察到中心标记,则以雾灯灯泡中心或标记在雾灯上的制造商名称作为中心标记。

(8)雾灯对光检查。

①遮住雾灯或断开另一侧的雾灯连接器,以防止不在接受检查的雾灯的对光影响雾灯对光检查,见图 13-21。

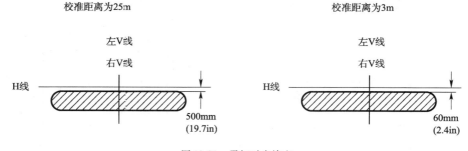

图 13-21　雾灯对光检查

盖住雾灯的时间不要超过 3min。那是因为雾灯透镜是用合成树脂制成的,过热可能会导致其熔化或损坏。

②起动发动机。

③打开雾灯并检查明暗截止线是否在如图13-21所示的规定区域内。

(9)雾灯对光调整。

垂直调整对光:用螺丝刀转动对光螺钉,将各个雾灯的对光调整到规定范围内,见图13-22。

> 小贴士
>
> 对光螺钉的最后一转应该是按顺时针方向。如果螺钉紧固过度,则应将其拧松后再次拧紧,这样螺钉的最后一转才能是顺时针方向。如果不能正确调整雾灯对光,则检查灯泡、雾灯单元及雾灯单元反射器的安装情况。

三 学习拓展——检查风窗玻璃清洗器电动机及泵总成

(1)拆下清洗液罐。

(2)断开风窗玻璃清洗器电动机及泵连接器。

> 小贴士
>
> 应在风窗玻璃清洗器电动机及泵安装到清洗液罐上的情况下进行检查。

(3)将清洗液罐加满清洗液。

(4)将蓄电池正极(+)引线连接到风窗玻璃清洗器电动机及泵的端子2,并将蓄电池负极(-)引线连接到端子1。

(5)检查并确认清洗液从风窗玻璃清洗器泵出液口喷出,见图13-23。

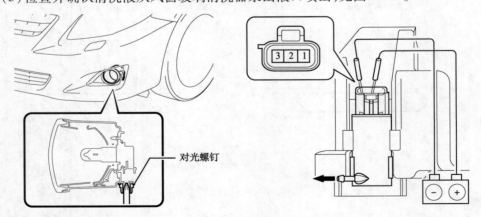

图13-22 雾灯对光调整　　　图13-23 检查并确认风窗玻璃清洗器是否正常

如果有带一定压力的清洗液从风窗玻璃清洗器泵出液口喷出,则正常。如果结果不符合规定,则更换清洗器电动机及泵总成。

四 评价与反馈

❶ 自我评价与反馈

(1) 汽车清洗器电动机的零部件组成有哪些？

(2) 汽车清洗器电动机的拆装操作过程中用到了哪些工具？

(3) 实训过程完成情况如何？

(4) 通过本学习任务的学习，你认为自己的知识及技能还有哪些欠缺？

签名：_____　　　_____年____月____日

❷ 小组评价与反馈（表 13-1）

小组评价表　　　　　　　　　　　　表 13-1

序号	评价项目	评价情况
1	着装是否符合要求	
2	是否能合理规范地使用仪器及设备	
3	是否按照安全及规范的流程操作	
4	是否遵守学习、实训场地的规章制度	
5	是否能保持学习、实训场地整洁	
6	团结协作情况	

参与评价的同学签名：_____　　　_____年____月____日

❸ 教师评价及反馈

教师签名：_____　　　_____年____月____日

五 技能考核标准（表 13-2）

技能考核标准表　　　　　　　　　　　　表 13-2

序号	项目	操作内容	规定分	得分
1	风窗玻璃清洗器的拆卸	拆卸散热器上空气导流板	4 分	
		拆卸散热器格栅防护罩	4 分	
		拆卸前保险杠总成	5 分	
		排空清洗液	4 分	
		拆卸风窗玻璃清洗器电动机及泵总成	5 分	

续上表

序号	项目	操作内容	规定分	得分
2	风窗玻璃清洗器电动机的检查	拆下清洗液罐	4分	
		断开风窗玻璃清洗器电动机及泵连接器	5分	
		将清洗液罐加满清洗液	4分	
		将蓄电池正极(+)引线连接到风窗玻璃清洗器电动机及泵的端子2,并将蓄电池负极(-)引线连接到端子1	5分	
		检查并确认清洗液从清洗液罐中流出	5分	
3	风窗玻璃清洗器的安装	安装风窗玻璃清洗器电动机及泵总成	5分	
		将清洗液罐注满清洗液	5分	
		安装前保险杠总成	5分	
		安装散热器格栅防护罩	5分	
		安装散热器上空气导流板	5分	
		雾灯对光的车辆准备工作	5分	
		雾灯对光准备工作	5分	
		雾灯对光检查	5分	
		雾灯对光调整	5分	
4	安全操作及工具使用	操作是否符合安全操作规程,工具使用是否规范	5分	
5	执行5S操作	是否按照规定整理清洁场地	5分	
		总分	100分	

项目三 汽车空调系统的拆装

学习任务 14 汽车空调系统冷凝器的拆装及更换

学习目标

 知识目标

知道汽车空调系统冷凝器的拆装方法。

 技能目标

1. 能正确拆装冷凝器；
2. 知道怎样更换冷凝器。

建议课时

8课时。

 任务描述

夏季来临,李先生开空调时,发现他的卡罗拉轿车出现制冷不足的现象,将车开到4S店检修,修理工师傅排查发现问题出在冷凝器上,经进一步检查发现冷凝器管道有堵塞现象,现需要拆装及更换汽车空调系统冷凝器。

一 理论知识准备

① 汽车空调系统的组成及功用

汽车空调制冷系统主要由压缩机、冷凝器、储液罐、膨胀阀、蒸发器、鼓风机、管路与控制部件等组成，见图14-1。

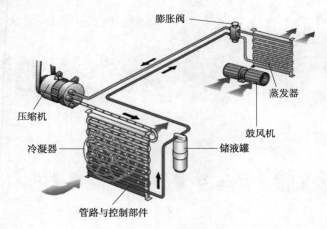

图14-1　空调系统组成

压缩机是制冷系统的制冷剂循环动力源。压缩机工作时可把制冷剂气体压缩成高压液态，并可持续不断推进制冷剂循环，完成吸热、放热过程。汽车空调压缩机通常由发动机带动，通过空调皮带轮后面的电磁离合器的吸合与打开来控制，见图14-2。

冷凝器见图14-3，是一种散热器，类似于发动机散热器，主要由翅片与排管组成。冷凝器安装在冷却散热器前面，与冷却散热器共用一个冷却风扇，通过流动的空气带走冷凝器中制冷剂的热量。

图14-2　汽车空调压缩机

图14-3　汽车空调冷凝器

制冷剂冷凝后贮存在储液罐内，进行干燥吸湿处理，以去除制冷剂中的水分，滤掉杂质，通常这个罐也称作干燥罐。

膨胀阀用于控制高压液态制冷剂向气态的转变。

蒸发器与冷凝器作用相反，吸收外部空气的热量，再通过风机与管道将冷空气送到车厢内。

当空调制冷系统开关打开时，空调压缩机开始运行并将制冷剂送到蒸发器，蒸发器被制冷剂冷却，再冷却来自鼓风机的空气。

项目三 汽车空调系统的拆装

❷ 空调系统零件位置,见图 14-4

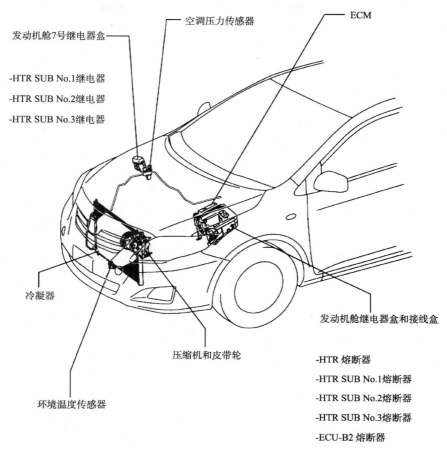

图 14-4 空调系统零件位置

二 任务实施——汽车空调系统冷凝器的拆装及更换

❶ 准备工作

(1)丰田卡罗拉轿车(或其他车型车辆)一辆。
(2)丰田卡罗拉轿车(或相应车型)维修手册一本。
(3)拆装工具一套。

❷ 技术要求与注意事项

(1)操作中注意安全。
(2)使用专用工具。

❸ 操作步骤

1)冷凝器的拆卸
(1)回收制冷系统中的制冷剂。

①起动发动机。
②打开空调开关。
③以大约1000r/min的发动机转速运行冷却器压缩机5~6min,使制冷剂循环,以便让空调系统不同部件中的压缩机机油大部分都被收集到空调压缩机中。
④关闭发动机。
⑤使用制冷剂回收装置从空调系统中回收制冷剂。
(2)拆卸散热器上空气导流板。
拆下6个卡子和散热器上空气导流板,见图14-5。
(3)拆下2个散热器格栅防护罩,见图14-6。

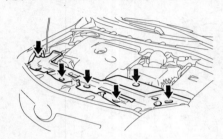

图14-5　拆卸散热器上空气导流板　　　图14-6　拆卸散热器格栅防护罩

(4)拆卸前保险杠总成。
①使用螺丝刀,将销转动90°并拆下销固定卡子,见图14-7。

小贴士

右侧与左侧程序相同。

②拆下卡子,图14-8。

 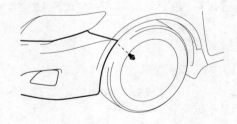

图14-7　将销转动90°并拆下销固定卡子　　　图14-8　拆下卡子

小贴士

右侧与左侧程序相同。

③沿前保险杠总成四周粘贴保护性胶带,图14-9。

项目三 汽车空调系统的拆装

④拆下6个螺钉、2个螺栓和3个卡子。
⑤脱开6个卡爪并拆下前保险杠总成,见图14-10。
⑥断开连接器(带雾灯或侦测声呐系统)。

(5)排空清洗液。

从前照灯清洗器电动机和泵总成上断开清洗器软管,并排放清洗液,见图14-11。

(6)断开1号水软管卡夹支架。

拆下2个螺栓,并从散热器上支架处断开1号水软管卡夹支架,见图14-12。

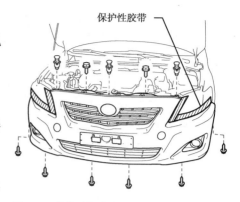

图14-9 前保险杠总成四周粘贴保护性胶带

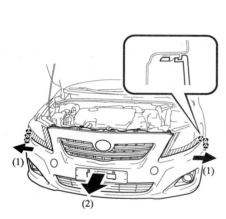

图14-10 脱开6个卡爪

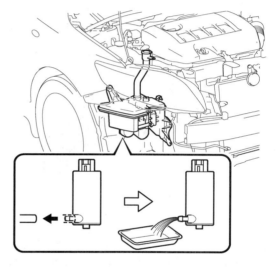

图14-11 排空清洗液

(7)拆卸发动机舱盖锁总成,见图14-13。

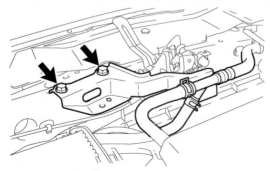

图14-12 断开1号水软管卡夹支架

图14-13 拆卸发动机舱盖锁总成

①断开连接器。
②断开发动机舱盖锁控制拉索,见图14-14。
③拆下3个螺栓和发动机舱盖锁总成,见图14-15。

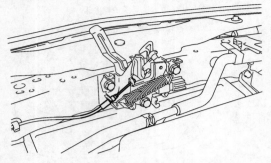

图 14-14　断开发动机舱盖锁控制拉索

图 14-15　拆下 3 个螺栓和发动机舱盖锁总成

(8) 拆卸 2 号风扇罩。

①断开喇叭连接器,见图 14-16。

②拆下 4 个螺栓和散热器上支架,见图 14-17。

图 14-16　断开喇叭连接器

图 14-17　拆下 4 个螺栓和散热器上支架

③将散热器储液罐软管从软管卡夹上断开。

④将散热器储液罐软管从散热器总成上断开,见图 14-18。

⑤从散热器总成上拆下 2 个螺栓、松开 2 个卡爪,并拆下 2 号风扇罩,见图 14-19。

⑥将 2 个散热器支架缓冲垫从 2 号风扇罩上拆下。

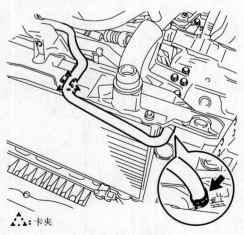

▲:卡夹

图 14-18　断开散热器储液罐软管

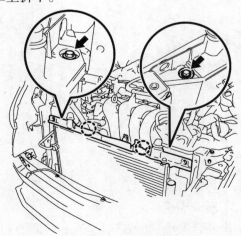

图 14-19　拆下 2 号风扇罩

(9)断开排放软管分总成。
①拆下螺栓并将排放软管分总成从冷凝器上断开。
②从排放软管分总成上拆下 O 形圈。

用聚氯乙烯绝缘带密封断开部件的开口处,防止湿气和异物进入。

(10)断开空调管路和附件总成。
①拆下螺栓,并将空调管和附件总成从冷凝器上断开,见图 14-20、图 14-21。
②将 O 形圈从空调管和附件总成上拆下。

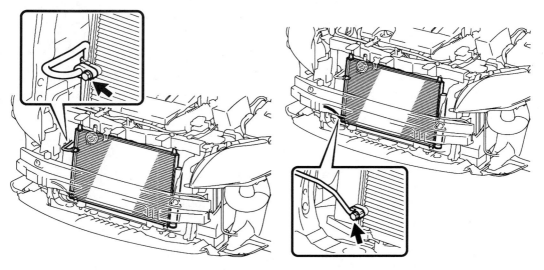

图 14-20　拆下螺栓断开空调管和冷凝器连接器(一)　　图 14-21　拆下螺栓断开空调管和冷凝器连接器(二)

用聚氯乙烯绝缘带密封断开部件的开口处,防止湿气和异物进入。

(11)拆下带接收器的冷凝器总成,见图 14-22。
2)冷凝器的安装
(1)安装新的带接收器的冷凝器总成,见图 14-23。

换用新冷凝器时,需要向新冷凝器中加注压缩机机油。

(2)连接空调管和附件总成。
①从冷却器冷凝器总成的管和连接部位上拆下缠绕的聚氯乙烯绝缘带。
②将压缩机机油充分涂抹到新O形圈和管接头处的装配面上。
③将O形圈安装至空调管和附件总成。
④用螺栓将空调管和附件分总成安装至冷却器冷凝器总成上。

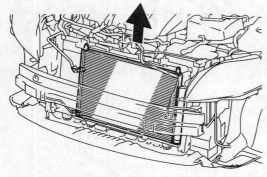 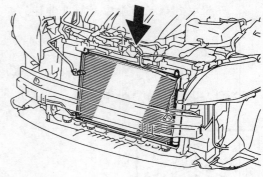

图14-22 拆下带接收器的冷凝器总成　　图14-23 安装新的带接收器的冷凝器总成

(3)连接排放软管分总成。
①从冷却器冷凝器总成的管道和连接部位上拆下缠绕的聚氯乙烯绝缘带。
②在新O形圈和管接头的装配表面上充分涂抹压缩机机油。
③将O形圈安装到排放软管的分总成上。
④用螺栓将排放软管分总成安装到冷凝器总成上,见图14-24、图14-25。

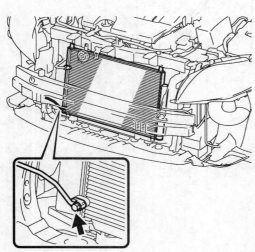 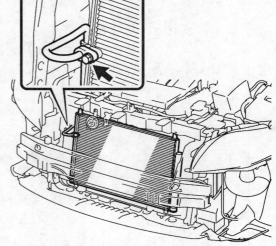

图14-24 将排放软管安装到冷凝器总成上(一)　　图14-25 将排放软管安装到冷凝器总成上(二)

(4)加注制冷剂。
①用真空泵进行抽真空操作。
②加注制冷剂HFC-134a(R134a)。

>　　a. 加注制冷剂前不要打开空调，否则会使冷却器压缩机在无制冷剂的情况下工作，导致冷却器压缩机过热。
>　　b. 气泡消失后可能还需加注大约100g的制冷剂。制冷剂量应该根据数量检查，而不应通过观察孔确认，见图14-26。
>　　c. 使用制冷剂回收单元时，确保已有足够的制冷剂重新加注系统。制冷剂回收单元并不能100%回收空调系统中的制冷剂。

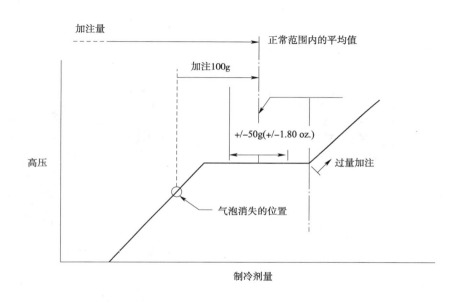

图14-26　气泡消失后可能还需加注大约100g制冷剂

（5）安装2号风扇罩。

①将散热器储液罐软管安装到软管卡夹上，见图14-27。

②将散热器储液罐软管安装到散热器总成上。

③接合2个卡爪并且用2个螺栓将2号风扇罩安装到散热器总成上。

④将2个散热器支架缓冲垫安装到2号风扇罩上，见图14-28。

⑤连接冷却风扇电动机连接器和线束卡夹，见图14-29。

⑥用4个螺栓安装散热器上支架，见图14-30。

⑦连接喇叭连接器，见图14-31。

（6）安装发动机舱盖锁总成。

①在锁的滑动区域涂抹通用润滑脂，见图14-32。

图14-27 将储液罐软管安装到软管卡夹上

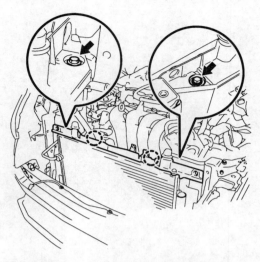

图14-28 将散热器支架缓冲垫安装到风扇罩上

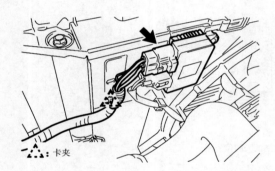

图14-29 连接冷却风扇电动机连接器和线束卡夹

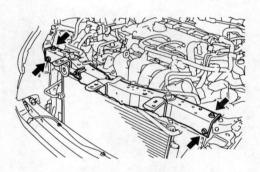

图14-30 安装散热器上支架

图14-31 连接喇叭连接器

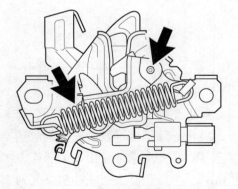

图14-32 在锁的滑动区域涂抹通用润滑脂

②用3个螺栓安装发动机舱盖锁总成,见图14-33。
③连接发动机舱盖锁控制拉索,见图14-34。
④连接连接器,见图14-35。

项目三 汽车空调系统的拆装

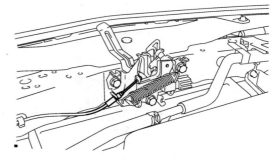

图14-34 连接发动机盖锁控制拉索

定心螺栓

标准螺栓

图14-33 安装发动机舱盖锁总成

图14-35 连接连接器

(7)检查发动机舱盖分总成,见图14-36。

检查并确认部位 A 至部位 C 的间隙测量值均处于各自的标准范围内,见表14-1。

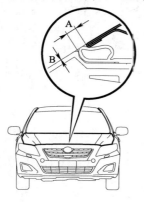

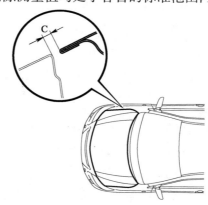

图14-36 检查发动机舱盖分总成

部位 A 至部位 C 间隙的标准范围　　　　　表14-1

部　　位	标 准 间 隙 值
A	3.1~6.1mm(0.122~0.240in)
B	-1.5~1.5mm(-0.059~0.059in)
C	2.3~5.3mm(0.091~0.209in)

(8)调整发动机舱盖分总成。

①水平和垂直调整发动机舱盖。

a. 松开发动机舱盖上的铰链螺栓。

b. 移动发动机舱盖,调整发动机舱盖和前翼子板之间的间隙。

c. 调整后,紧固铰链螺栓,拧紧力矩为 13N·m,见图 14-37。

②用橡胶垫调整发动机舱盖前端高度。调整橡胶垫,以使发动机盖和翼子板的高度对齐。

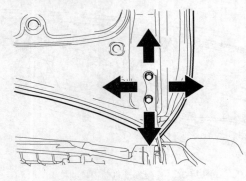

图 14-37　紧固铰链螺栓

> 小贴士
>
> 通过转动橡胶垫升高或降低发动机舱盖前端,见图 14-38。

③调整发动机舱盖锁,见图 14-39。

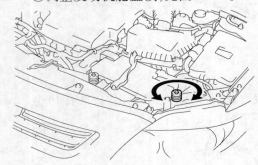 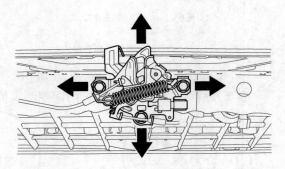

图 14-38　调整橡胶垫　　　　图 14-39　调整发动机舱盖锁

a. 松开 3 个螺栓。

b. 调整后,紧固螺栓,拧紧力矩为 8.0N·m。

c. 检查并确认锁扣能够与发动机舱盖锁顺利接合。

(9) 连接 1 号水软管卡夹支架。

用 2 个螺栓将 1 号水软管卡夹支架连接至散热器上支架,拧紧力矩为 5.0N·m,见图 14-40。

(10) 将清洗液罐注满清洗液。

将清洗器软管连接至挡风玻璃清洗器电动机和泵总成,并将清洗液罐注满清洗液,见图 14-41。

(11) 安装前保险杠总成。

①断开雾灯连接器(带雾灯或侦测声呐系统)。

②接合 6 个卡爪并安装前保险杠总成,见图 14-42。

③安装 6 个螺钉、3 个卡子和 2 个螺栓,见图 14-43。

项目三　汽车空调系统的拆装

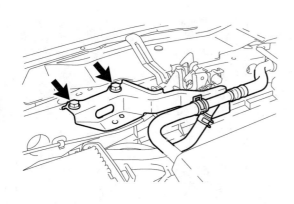

图14-40　软管卡夹支架连接至散热器上支架

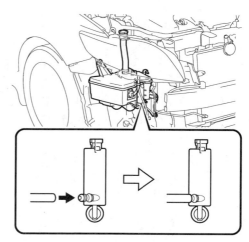

图14-41　将清洗液罐注满清洗液

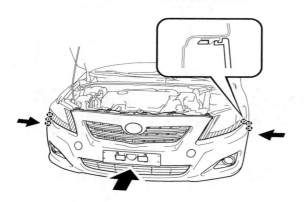

图14-42　接合6个卡爪

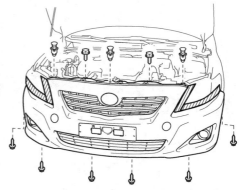

图14-43　安装螺钉、卡子和螺栓

④安装销固定卡夹，见图14-44。

> 小贴士
>
> 右侧与左侧程序相同。

⑤安装卡子，见图14-45。

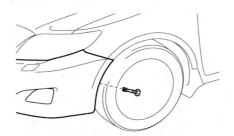

图14-44　安装销固定卡夹

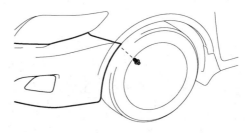

图14-45　安装卡子

右侧与左侧程序相同。

(12) 安装2个散热器格栅防护罩,见图14-46。
(13) 安装6个卡子和散热器上空气导流板,见图14-47。

图14-46 安装散热器格栅防护罩

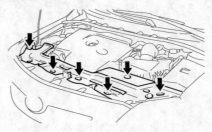
图14-47 安装卡子和散热器上空气导流板

(14) 保持空调开关打开至少2min,以使压缩机暖机。

拆下并安装冷却器制冷剂管路(包括压缩机)后打开空调时,一定要进行压缩机暖机,以防止压缩机损坏。

(15) 检查制冷剂是否泄漏。
① 重新加注制冷剂气体后,用卤素泄漏检测器检查是否有制冷剂气体泄漏。
② 在下列条件下进行测试。
a. 关闭点火开关。
b. 确保通风良好(漏气检测器可能对不是制冷剂的挥发性气体做出反应,如汽油蒸气和废气)。
c. 重复测试2或3次。
d. 确保制冷系统中仍留有一些制冷剂。
e. 压缩机关闭时的气压为392~588kPa。
③ 用漏气检测器检查制冷剂是否从制冷剂管路中泄漏,见图14-48。
④ 关闭漏气检测器电源,将它靠近排放软管,然后打开检测器。

a. 鼓风机电动机停止后,空置冷却装置15min以上。
b. 将漏气检测器传感器置于排放软管下。
c. 当漏气检测器接近排放软管时,确保漏气检测器对挥发性气体不做出反应。如果不能避免挥发性气体的干扰,则应将车辆举升以进行测试,见图14-49。

⑤如果在排放软管处未检测到漏气,将鼓风机电动机控制器从冷却单元上拆下。将漏气检测器传感器插入冷却装置中,并进行测试。

⑥断开压力开关连接器,放置约20min。将漏气检测器靠近压力开关,并进行测试。

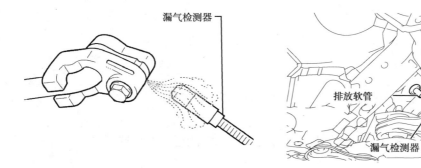

图14-48　漏气检测器检查制冷剂是否泄漏　　　　图14-49　漏气检测器接近排放软管检漏

三　学习拓展——汽车空调系统工作原理

（1）启动汽车空调系统之后,压缩机在发动机带动下开始工作,驱使制冷剂在密封的空调系统中循环流动,压缩机将气态制冷剂压缩成高温高压的制冷剂气体后排出压缩机。

（2）高温高压制冷剂气体经管路流入冷凝器后,在冷凝器内散热、降温,冷凝成高温高压的液态制冷剂流出。

（3）高温高压液态制冷剂经管路进入干燥储液罐内,经过干燥、过滤后流进膨胀阀。

（4）高温高压液态制冷剂经膨胀阀节流,状态发生急剧变化,变成低温低压的液态制冷剂。

（5）低温低压液态制冷剂立即进入蒸发器内,在蒸发器内吸收流经蒸发器的空气热量,使空气温度降低,吹出冷风,产生制冷效果,制冷剂本身因吸收了热量而蒸发成低温低压的气态制冷剂。

（6）低温低压的气态制冷剂经管路被压缩机吸入,进行压缩,进入下一个循环,只要压缩机连续工作,制冷剂就在空调系统中连续循环,产生制冷效果,压缩机停止工作,空调系统内制冷剂随之停止流动,不产生制冷效果,见图14-50。

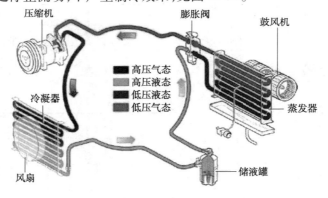

图14-50　半自动空调工作原理图

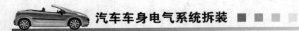

四 评价与反馈

❶ 自我评价与反馈

(1)汽车空调系统由哪些部分组成？

(2)怎样更换冷凝器？

(3)汽车空调系统冷凝器的拆装操作过程用到了哪些工具？

(4)通过本学习任务的学习，你认为自己的知识和技能还存在哪些不足？

签名：_____　　　____年____月____日

❷ 小组评价与反馈（表14-2）

小组评价表　　　　　　　表14-2

序号	评价项目	评价情况
1	着装是否符合要求	
2	是否能合理规范地使用仪器和设备	
3	是否按照安全和规范的流程操作	
4	是否遵守学习、实训场地的规章制度	
5	是否能保持学习、实训场地整洁	
6	团结协作情况	

参与评价的同学签名：_____　　　____年____月____日

❸ 教师评价及反馈

教师签名：_____　　　____年____月____日

五 技能考核标准（表14-3）

技能考核标准表　　　　　　　表14-3

序号	项目	操作内容	规定分	得分
1	冷凝器的拆卸	记录车辆铭牌信息	5分	
		检查车辆安全状态	5分	
		拆卸散热器上空气导流板	3分	

续上表

序号	项 目	操 作 内 容	规定分	得分
1	冷凝器的拆卸	拆下散热器格栅防护罩	3分	
		拆卸前保险杠总成	3分	
		排空清洗液(带前照灯清洗器系统)	3分	
		断开1号水软管卡夹支架	3分	
		断开发动机舱盖锁总成	3分	
		拆卸2号风扇罩	3分	
		回收制冷系统中的制冷剂	3分	
		断开排放软管分总成	3分	
		断开空调管路和附件总成	3分	
		拆卸带接收器的冷凝器总成	3分	
2	新冷凝器的安装	安装带接收器的冷凝器总成	5分	
		连接空调管和附件总成	3分	
		连接排放软管分总成	3分	
		加注制冷剂	3分	
		安装2号风扇罩	3分	
		安装发动机舱盖锁总成	3分	
		检查发动机舱盖分总成	3分	
		调整发动机舱盖分总成	3分	
		连接1号水软管卡夹支架	3分	
		注满清洗液(带前照灯清洗器系统)	3分	
		安装前保险杠总成	3分	
		安装散热器格栅防护罩	3分	
		安装散热器上空气导流板	3分	
		发动机暖机	3分	
		检查制冷剂是否泄漏	3分	
3	安全操作及工具使用	操作是否符合安全操作规程,工具使用是否规范	5分	
4	执行5S操作	是否按照规定整理清洁场地	5分	
		总分	100分	

学习任务 15　汽车空调系统鼓风机总成的拆装及更换

学习目标

★ **知识目标**

知道汽车空调系统鼓风机总成的拆装方法。

★ **技能目标**

1. 能正确拆装鼓风机；
2. 能更换鼓风机总成。

建议课时

9课时。

任务描述

王先生的卡罗拉轿车在打开空调后出风口无风，将车开到4S店检修，修理工师傅排查发现问题出在鼓风机上，需要将鼓风机总成进行拆卸并更换。

一　理论知识准备

1　鼓风机的组成

汽车空调鼓风机主要由机壳、叶轮、进风口和鼓风机电动机组成。

2　鼓风机的作用

汽车鼓风机的作用是把空调蒸发器上面的冷气或者暖水箱的热气吹到车里面去，从而起到调节车内温度的作用，见图15-1。

3　通风装置

将新鲜空气送进车内，取代污浊空气的过程，称为通风。

（1）自然通风。自然通风也称动压通风，其主要利用车辆运动所产生的空气压力，使外部空气进入车内。

（2）强制通风。在强制通风装置中，用电风扇或类似装置迫使空气流过车辆内部。

（3）综合通风。综合通风是指一辆汽车上同时采用自然通风和强制通风。

项目三　汽车空调系统的拆装

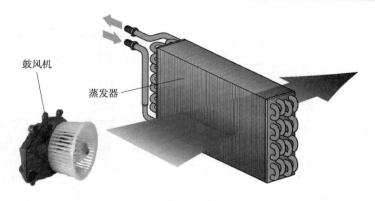

图15-1　鼓风机的作用

二　任务实施——汽车空调系统鼓风机总成的拆装及更换

❶ 准备工作

（1）丰田卡罗拉轿车（或其他车型车辆）一辆。

（2）丰田卡罗拉轿车（或相应车型）维修手册一本。

（3）拆装工具一套。

❷ 技术要求与注意事项

（1）操作中注意安全。本项目的一些操作会影响气囊，在进行相应操作前，首先查阅维修手册，阅读气囊注意事项。

（2）使用专用工具。

❸ 操作步骤

1）鼓风机总成的拆卸

（1）从蓄电池负极端子断开电缆。

 小贴士

　　断开端子后等待90s，以防止气囊展开；断开蓄电池电缆后重新连接时，某些系统需要初始化。

（2）拆卸仪表板右下（左下）装饰板。

脱开3个卡爪和卡子，并拆下仪表板右下、左下装饰板，见图15-2。

 小贴士

　　拆卸仪表板左下装饰板和拆卸仪表板右下装饰板方法相同。

（3）拆卸仪表板左端（右端）装饰板。

①粘贴保护性胶带。

②插入车顶防护条拆卸工具并向卡子滑动拆卸工具,见图15-3。

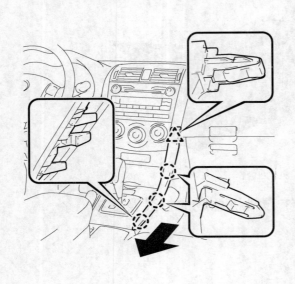

图15-2 拆卸仪表板右下装饰板

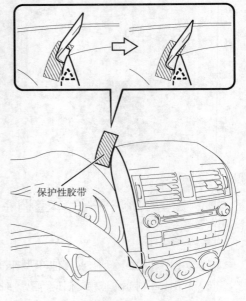

图15-3 拆卸仪表板左端装饰板

③脱开2个卡爪和卡子,拆下仪表板左端装饰板,见图15-4。

> **小贴士**
>
> 拆卸仪表板右端装饰板和拆卸仪表板左端装饰板方法相同。

(4)拆卸中央仪表板调风器总成。

①脱开2个卡爪、4个卡子和2个导销。

②断开连接器,拆下中央仪表板调风器总成,见图15-5。

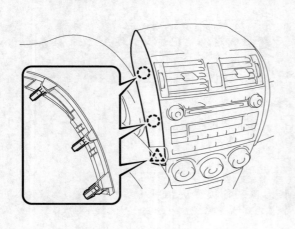

图15-4 拆下仪表板左端装饰板

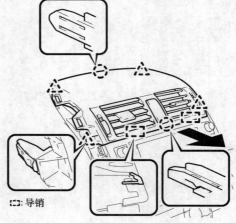

图15-5 拆下中央仪表板调风器总成

（5）拆卸仪表组装饰板总成。

①操作倾斜度调节杆以降下转向盘总成。

②脱开导销、卡爪和3个卡子，并拆下仪表组装饰板总成，见图15-6。

③拆下2个螺钉。

④脱开2个导销。

 小贴士

拆下组合仪表总成时，小心不要损坏导销。

⑤拉出组合仪表总成，断开连接器，并拆下组合仪表总成，见图15-7。

 小贴士

拆下组合仪表总成时，不要损坏上仪表板分总成或组合仪表总成。

（6）拆卸仪表板下装饰板总成。

①脱开6个卡爪和3个卡子。

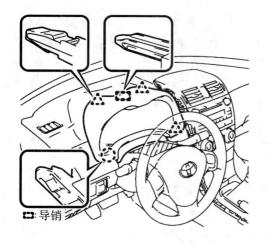

图15-6　拆下仪表组装饰板总成　　　　图15-7　拉出组合仪表总成

②断开每个连接器，拆下仪表板下装饰板总成，见图15-8。

（7）断开左前车门开口装饰密封条。

拆下左前车门开口装饰密封条，见图15-9。

（8）拆卸手套箱盖总成。

①脱开卡爪并松开手套箱盖挡块。

②按照图中箭头指示的方向弯曲部位（A）和（B），以松开2个挡块，并降下手套箱盖到盖前部处在水平位置，见图15-10。

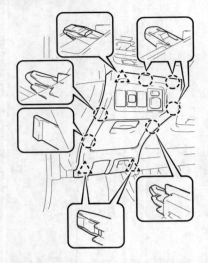

图 15-8 拆下仪表板下装饰板总成

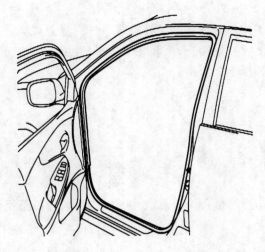

图 15-9 拆下左前车门开口装饰密封条

③向车辆后部水平拉动手套箱盖总成以松开 2 个铰链,并拆下手套箱盖总成。

> **小贴士**
>
> 若向上拉动手套箱盖总成将其拆下,会在重新安装箱盖时导致铰链变形。确保水平拉出手套箱盖。

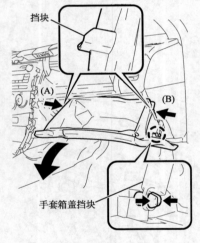

图 15-10 松开 2 个挡块

(9)拆卸仪表板 1 号箱盖分总成。
①拆下螺钉 <B>,见图 15-11。
②脱开 3 个卡爪和 4 个卡子,然后拆下仪表板 1 号箱盖分总成,见图 15-12。
(10)断开右前车门开口装饰密封条。

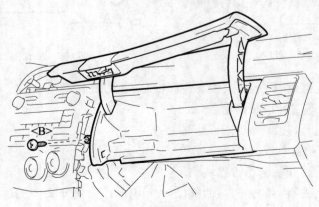

图 15-11 拆下螺钉 <B>

右侧操作程序与左侧相同。

(11) 断开仪表板线束总成,断开前排乘客侧气囊连接器,见图15-13。

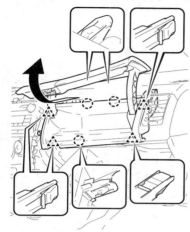

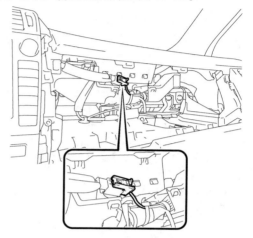

图15-12　拆下仪表板

图15-13　断开前排乘客侧气囊连接器

处理气囊连接器时,小心不要损坏气囊线束。

(12) 拆卸上仪表板分总成。

①操作倾斜度调节杆以降下转向盘总成。

②断开各连接器。

③拆下2个螺钉<B>。

④拆下乘客气囊螺栓<A>,见图15-14。

⑤脱开5个卡子和4个导销,见图15-15。

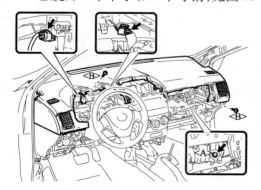

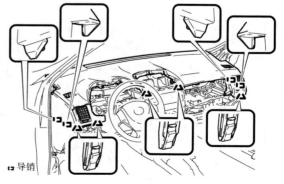

图15-14　断开各连接器、拆下乘客气囊螺栓

图15-15　脱开5个卡子和4个导销

⑥脱开5个卡爪,拉下上仪表板分总成,见图15-16。

> **小贴士**
>
> 拆下上仪表板分总成时,小心不要损坏它和转向盘总成。

(13) 拆卸下除霜器喷嘴总成。

脱开6个卡爪,拆下下除霜器喷嘴总成,见图15-17。

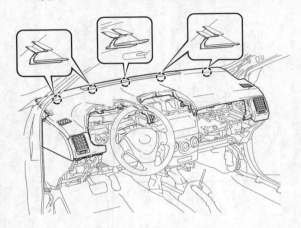

图15-16 拆下上仪表板分总成

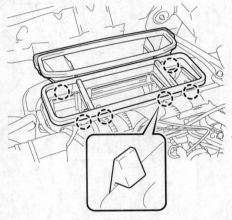

图15-17 拆卸下除霜器喷嘴总成

(14) 拆下螺栓、螺母和空调装置,见图15-18。

> **小贴士**
>
> (1) 确保在拆下空调装置总成的时候支撑总成,否则可能会导致空调装置总成的支架断裂。
> (2) 拆解空调装置时,通过接触车身去除静电,以防止损坏零部件。

(15) 松开2个卡爪,并拆下2号风管分总成,见图15-19。

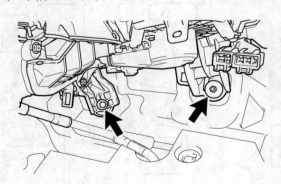

图15-18 拆下螺栓、螺母和空调装置

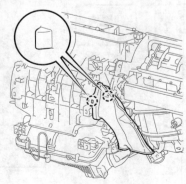

图15-19 拆下2号风管分总成

(16) 松开 2 个卡爪,并拆下 3 号风管分总成,见图 15-20。
(17) 拆卸鼓风机总成。
①脱开各卡夹,见图 15-21。
②拆下螺钉并脱开快速加热器连接器。

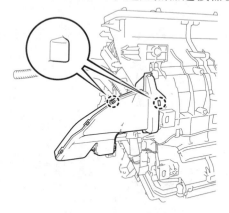
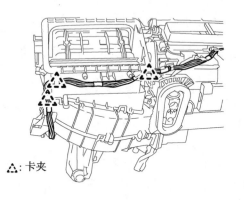

图 15-20　拆卸 3 号风管分总成　　　　图 15-21　脱开各卡夹

③断开连接器。
④拆下 3 个螺钉和鼓风机总成,见图 15-22。
2) 鼓风机总成的更换(安装)
(1) 安装鼓风机总成。
①用 3 个螺钉安装鼓风机总成,见图 15-23。

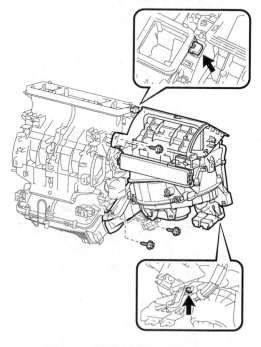
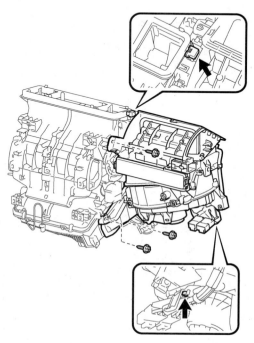

图 15-22　拆下 3 个螺钉和鼓风机总成　　　　图 15-23　用 3 个螺钉安装鼓风机总成

汽车车身电气系统拆装

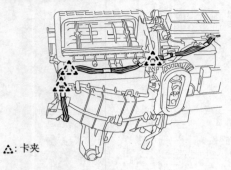

②连接连接器。
③接合快速加热器连接器并安装螺钉。
④接合每个卡夹,见图15-24。
(2)接合2个卡爪并安装3号风管分总成,见图15-25。
(3)接合2个卡爪并安装2号风管分总成,见图15-26。
(4)临时紧固空调装置。
①临时用螺栓和螺母紧固空调装置,见图15-27。

△:卡夹

图15-24　接合每个卡夹

小贴士

确保在拆下空调装置总成的时候支撑总成,否则可能会导致空调装置总成的支架断裂;安装空调装置时,通过接触车身去除静电,以防止损坏零部件。

②接合所有卡夹和线束,见图15-28。

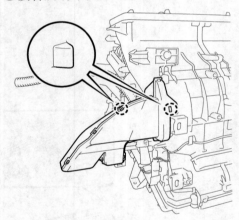

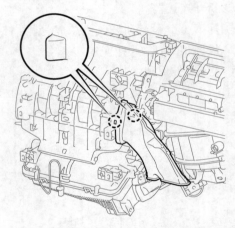

图15-25　安装3号风管分总成

图15-26　安装2号风管分总成

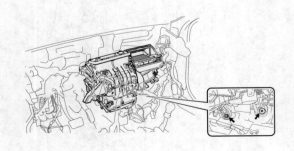

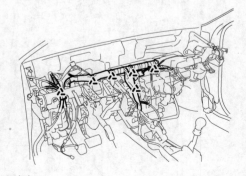

△:卡夹

图15-27　临时用螺栓和螺母紧固空调装置

图15-28　接合所有卡夹和线束

156

（5）安装空调装置。

①安装3个螺栓。按如图15-29所示顺序拧紧螺栓。

②安装螺栓。

③用螺母安装空调装置，见图15-30。

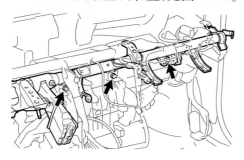

图15-29 安装3个螺栓　　　　图15-30 用螺母安装空调装置

（6）接合4个卡爪并安装2号后风管，见图15-31。

（7）接合6个卡爪并安装下除霜器喷嘴总成，见图15-32。

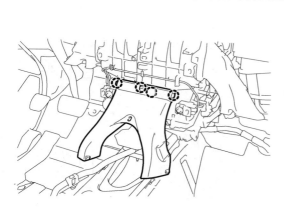 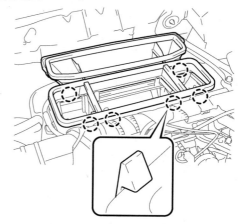

图15-31 安装2号后风管　　　　图15-32 安装下除霜器喷嘴总成

（8）用2个螺母安装1号风管分总成，见图15-33。

（9）接合2个卡爪以安装1号后风管，见图15-34。

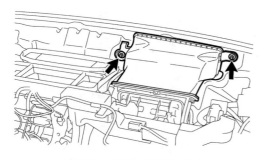 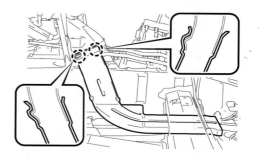

图15-33 安装1号风管分总成　　　　图15-34 安装1号后风管

(10)安装上仪表板分总成。

①使用新的上仪表板分总成时,在安装上仪表板分总成前,扭断图中所示部位(防护条的接合处),见图15-35。

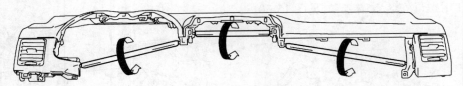

图15-35　使用新的上仪表板分总成时,安装上仪表板分总成前,扭断图中所示部位

②接合5个卡爪。

小贴士

(1)安装上仪表板分总成时,小心不要损坏它和转向盘总成。

(2)不要将线束卡在卡爪中,见图15-36。

③接合5个卡子和4个导销,见图15-37。

④安装2个螺钉<B>。

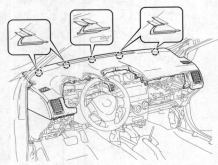 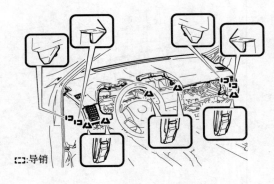

图15-36　不要将线束卡在卡爪中　　图15-37　接合5个卡子和4个导销

⑤接合每个卡夹。

⑥安装乘客气囊螺栓<A>。

⑦连接每个连接器并安装上仪表板分总成,见图15-38。

(11)连接连接器和并将仪表板线束总成安装到前排乘客气囊总成上。

小贴士

处理气囊连接器时,小心不要损坏气囊线束。

(12)连接左前车门开口装饰密封条。

将密封条上的定位标记(粉红色)与图中箭头所示的车身上的凸出部分对准,并安装左前车门开口装饰密封条,见图15-39。

项目三 汽车空调系统的拆装

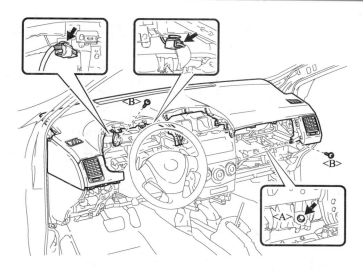

图 15-38 连接每个连接器并安装上仪表板分总成

安装后,检查并确认拐角安装到位。

(13) 安装右前车门开口装饰密封条。

右前车门开口装饰密封条安装方法与左前车门开口装饰密封条安装方法相同。

(14) 安装仪表板下装饰板总成,见图 15-40。

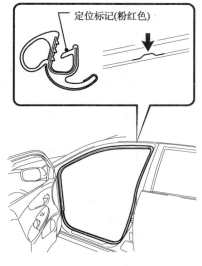

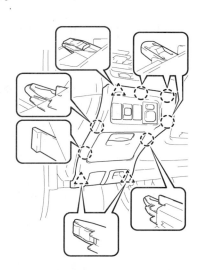

图 15-39 确认拐角定位标记安装到位　　图 15-40 安装仪表板下装饰板总成

(15)安装仪表板1号箱盖分总成。

①接合3个卡爪和4个卡子,见图15-41。

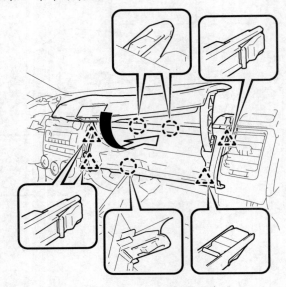

图15-41 接合3个卡爪和4个卡子

②用螺钉＜B＞安装仪表板1号箱盖分总成,见图15-42。

(16)安装手套箱盖总成。

①水平插入手套箱盖总成并接合2个铰链。

从上方接合铰链时会使铰链变形,务必水平安装手套箱盖总成,见图15-43。

②按照图15-44中箭头指示的方向弯曲部位(A)和(B),以接合2个挡块。

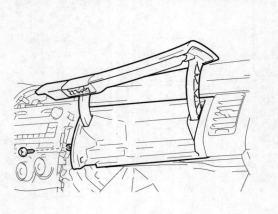

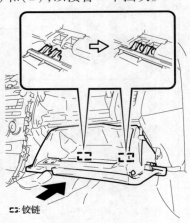

图15-42 安装仪表板1号箱盖分总成　　　图15-43 水平插入手套箱盖总成

③接合卡爪,连接手套箱盖挡块,并安装手套箱盖总成,见图15-44。
(17)安装组合仪表总成。
①连接连接器,并暂时安装组合仪表总成,见图15-45。

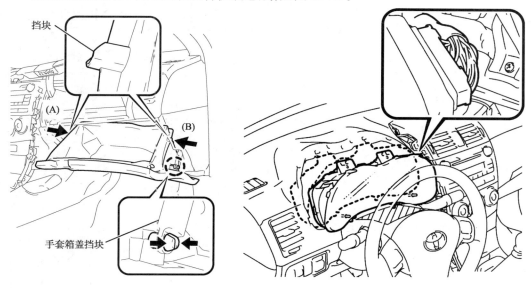

图15-44　安装手套箱盖总成　　　　　图15-45　安装组合仪表总成

> 小贴士
>
> 安装组合仪表总成时,不要损坏上仪表板分总成或组合仪表总成。

②接合2个导销。

> 小贴士
>
> (1)安装组合仪表总成时,小心不要损坏导销。
> (2)安装组合仪表总成时,将导销牢固地插入上仪表板分总成的孔内。

③用2个螺钉安装组合仪表总成,见图15-46。
(18)安装仪表组装饰板总成。
①接合导销、卡爪和3个卡子,并安装仪表组装饰板总成,见图15-47。
②清除转向柱罩上贴着的保护性胶带。
(19)安装中央仪表板调风器总成。
①连接连接器。
②接合2个导销、2个卡爪和4个卡子,并安装中央仪表板调风器总成,见图15-48。
(20)安装仪表板左端装饰板。
接合2个卡爪和2个卡子,并安装仪表板左端装饰板,见图15-49。

(21) 安装仪表板右端装饰板。

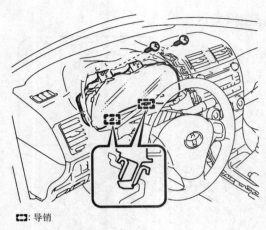

图 15-46 用 2 个螺钉安装组合仪表总成　　图 15-47 安装仪表组装饰板总成

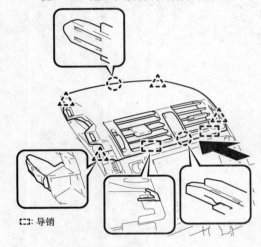
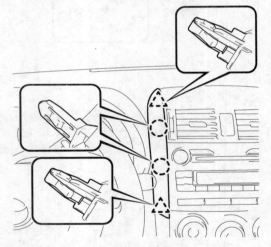

图 15-48 安装中央仪表板调风器总成　　图 15-49 安装仪表板左端装饰板

> 小贴士
>
> 安装仪表板右端装饰板的方法与安装仪表板左端装饰板的方法相同。

(22) 接合 3 个卡爪和卡子,并安装仪表板左下装饰板,见图 15-50。
(23) 接合 3 个卡爪和卡子,并安装仪表板右下装饰板。

> 小贴士
>
> 安装仪表板右端装饰板的方法与安装仪表板左端装饰板的方法相同。

项目三　汽车空调系统的拆装

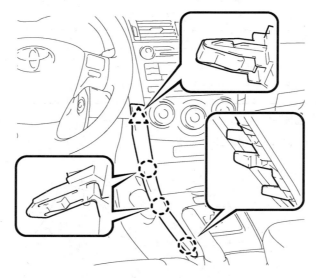

图 15-50　安装仪表板左下装饰板

（24）安装蓄电池负极。

三　学习拓展——鼓风机电阻器的拆装及检修

❶ 准备工作

（1）丰田卡罗拉轿车（或其他车型车辆）一辆。

（2）常用工具一套。

（3）万用表一个。

❷ 操作步骤

（1）拆卸鼓风机电阻器。

①断开连接器。

②拆下两个螺钉和鼓风机电阻器，见图 15-51。

（2）检查鼓风机电阻器。

①将连接器（图 15-52）从鼓风机电阻器上断开。

②根据表 15-1 中的值测量电阻，如果结果不符合规定，则更换鼓风机电阻器。

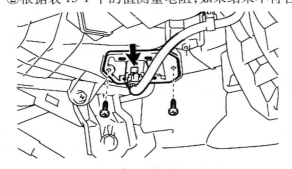

图 15-51　拆卸鼓风机电阻器

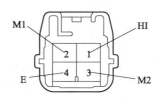

图 15-52　鼓风机电阻器连接器

测量标准　　　　　　　　　　　　　　表15-1

检测仪连接（符号）	条件	规定状态
1(HI)-4(E)	始终	3.12～3.60Ω
3(M2)-4(E)	始终	2.60～3.00Ω
2(M1)-4(E)	始终	1.67～1.93Ω

（3）安装鼓风机电阻器。

①使用两个螺钉安装鼓风机电阻器，见图15-53。

②连接连接器。

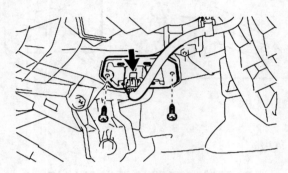

图15-53　安装鼓风机电阻器

四　评价与反馈

1　自我评价与反馈

（1）通过本学习任务的学习，你是否已经知道以下问题。

①怎样更换鼓风机单元？

_____

②如何检修鼓风机电阻器？

_____

（2）通过本学习任务的学习，你认为自己的知识和技能还存在哪些不足？

_____

签名：_____　　_____年____月____日

2　小组评价与反馈（表15-2）

小组评价表　　　　　　　　　　　　　表15-2

序号	评价项目	评价情况
1	着装是否符合要求	
2	是否能合理规范地使用仪器和设备	
3	是否按照安全和规范的流程操作	
4	是否遵守学习、实训场地的规章制度	
5	是否能保持学习、实训场地整洁	
6	团结协作情况	

参与评价的同学签名：_____　　_____年____月____日

3 教师评价及反馈

_____

_____

教师签名：_____　　_____年____月____日

五 技能考核标准（表15-3）

技能考核标准表　　　　　　　　　　　　　　表15-3

序号	项　目	操 作 内 容	规定分	得分
1	鼓风机单元的拆卸	记录车辆铭牌信息	3分	
		检查车辆安全状态	3分	
		从蓄电池负极端子断开电缆	3分	
		拆卸仪表板左下装饰板	1.5分	
		拆卸仪表板右下装饰板	1.5分	
		拆卸仪表板左端装饰板	1.5分	
		拆卸仪表板右端装饰板	1.5分	
		拆卸中央仪表板调风器总成	1.5分	
		拆卸仪表组装饰板总成	1.5分	
		拆卸组合仪表总成	1.5分	
		拆卸仪表组装饰板总成	1.5分	
		拆卸组合仪表总成	1.5分	
		拆卸仪表板下装饰板总成	1.5分	
		断开左前车门开口装饰密封条	3分	
		拆卸手套箱盖总成	1.5分	
		拆卸仪表板1号箱盖分总成	1.5分	
		断开右前车门开口装饰密封条	1.5分	
		断开仪表板线束总成	1.5分	
		拆卸上仪表板分总成	5分	
		拆卸3号后风管	1.5分	
		拆卸1号后风管	1.5分	
		拆卸1号风管分总成	1.5分	
		拆卸下除霜器喷嘴总成	1.5分	
		拆卸2号风管分总成	1.5分	
		拆卸3号风管分总成	1.5分	
		拆卸鼓风机总成	2分	
		更换新的鼓风机单元	1.5分	

续上表

序号	项　目	操 作 内 容	规定分	得分
2	鼓风机单元的安装	安装鼓风机总成	2分	
		安装3号风管分总成	1.5分	
		安装2号风管分总成	1.5分	
		安装下除霜器喷嘴总成	1.5分	
		安装1号风管分总成分总成	1.5分	
		安装1号风管分总成	1.5分	
		安装3号后风管	1.5分	
		安装上仪表板分总成	5分	
		连接仪表板线束总成	2分	
		安装右前车门开口装饰密封条	3分	
		安装仪表板1号箱盖分总成	1.5分	
		安装手套箱盖总成	1.5分	
		安装左前车门开口装饰密封条	1.5分	
		安装仪表板下装饰板总成	1.5分	
		安装组合仪表总成	1.5分	
		安装仪表组装饰板总成	1.5分	
		安装中央仪表板调风器总成	1.5分	
		安装仪表板右端装饰板	1.5分	
		安装仪表板左端装饰板	1.5分	
		安装仪表板右下装饰板	1.5分	
		安装仪表板左下装饰板	1.5分	
		连接蓄电池负极端子电缆	3分	
		起动发动机及鼓风机进行试车验证	3分	
3	安全操作及工具使用	操作是否符合安全操作规程,工具使用是否规范	3分	
4	执行5S操作	是否按照规定整理清洁场地	3分	
		总分	100分	

项目四　汽车多媒体信息显示系统的拆装

学习任务 16　汽车仪表总成的拆装及更换

学习目标

知识目标
1. 知道汽车仪表总成的组成；
2. 认识汽车仪表盘上常见的符号；
3. 知道汽车仪表盘上符号的含义。

技能目标
1. 能完成汽车仪表总成的拆装与更换；
2. 操作过程中符合安全、规范等要求。

建议课时

4 课时。

任务描述

一天，王老师的卡罗拉轿车出现车速里程表显示异常现象，经排查确定是仪表总成损坏，需要进行整体更换。他已经订购了一台新的仪表总成，可是由于他不是专业人员，对仪表总成的功能以及更换方法都不了解，你能帮他完成汽车仪表总成的拆装及更换吗？

一　理论知识准备

 汽车仪表的组成

汽车仪表由各种仪表、指示器（特别是驾驶员用警示灯报警器）等组成,不同汽车仪表板的仪表不尽相同,但是一般汽车的常规仪表有车速里程表、转速表、机油压力表、水温表、燃油表、充电表等。在现代汽车上,汽车仪表还需要装置稳压器,专门用来稳定仪表电源的电压、抑制波动幅度,以保证汽车仪表的精确性。另外,大部分仪表显示的依据来自传感器,传感装置根据被监测对象的状态变化而改变其电阻值,通过仪表表述出来。仪表板中最显眼的是车速里程表,它表示汽车的时速,单位是 km/h(千米/小时)。车速里程表实际上由两个表组成,一个是车速表,另一个是里程表。

❷ 汽车仪表的作用

汽车仪表的功能就是获取需要的数据并采用合适的方式显示出来,为驾驶员提供所需的汽车运行参数信息。以前的仪表一般限制在 3~4 个量的显示和 4~5 个警告功能,现在新式仪表则达到有约 15 个量显示和约 40 个警告监测功能,见图 16-1。不同的信息有不同的获取方式和显示方式,目前新式仪表信息获取方式主要有三种:通过车身总线传输、通过 A/D 采样转化、通过 IO 状态变化获取。

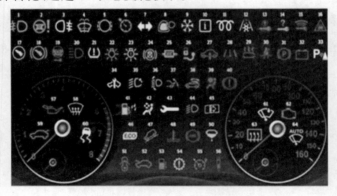

图 16-1 汽车仪表常见功能图标

❸ 汽车仪表的分类

按汽车仪表的工作原理不同,可大致分为三代。第一代汽车仪表是机械机芯表;第二代汽车仪表称为电气式仪表;第三代为全数字汽车仪表,它是一种网络化、智能化的仪表,其功能更加强大,显示内容更加丰富,线束链接更加简单。

现代汽车仪表多为第三代仪表,它可以通过步进电机来驱动仪表指针,也可以利用 LCD 液晶屏直接显示图形或文字信息。同时它还有智能处理单元,可以与汽车其他控制单元交互信息。

二 任务实施——汽车仪表总成的拆装及更换

❶ 准备工作

(1)将实训车辆停放在检测区域。
(2)准备常用工具、车辆挡块、翼子板布、三件套等教学用具。
(3)准备好丰田卡罗拉轿车维修手册。

项目四 汽车多媒体信息显示系统的拆装

❷ 技术要求与注意事项

（1）在进行电气操作前，断开蓄电池负极（－）端子，以防系统产生短路。

（2）当断开以及重新连接蓄电式电缆时，关掉点火开关和照明开关，彻底松开端子螺母，执行这些操作时，不要撬动端子。

❸ 操作步骤

1）汽车仪表总成的拆卸

（1）拆卸仪表板左下装饰板，见图16-2。

（2）拆卸仪表板左端装饰板，见图16-3。

（3）拆卸仪表组装饰板总成。

①操作倾斜度调节杆以降下转向盘总成，在图示位置粘贴保护性胶带，见图16-4。

②脱开导销、卡爪和3个卡子，并拆下仪表组装饰板总成，见图16-5。

（4）拆卸组合仪表总成，拆下两个螺钉，脱开2个导销，见图16-6。

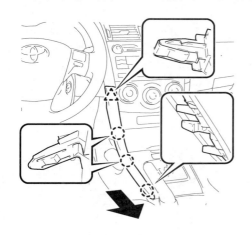

图16-2 拆卸仪表板左下装饰板

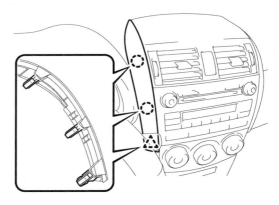

图16-3 拆卸仪表板左端装饰板

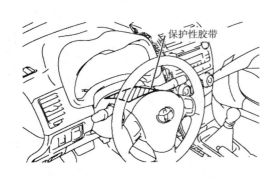

图16-4 保护性胶带粘贴位置

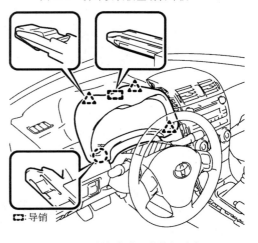

图16-5 拆卸仪表组装饰板总成

拆下组合仪表总成时,小心不要损坏导销。

(5)拉出组合仪表总成,断开连接器,并拆下组合仪表总成,见图16-7。

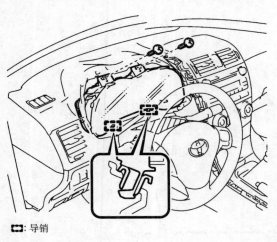

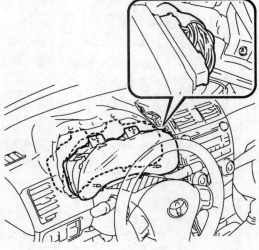

图16-6 拆卸组合仪表总成

图16-7 拉出组合仪表总成

拆下组合仪表总成时,不要损坏上仪表板分总成或组合仪表总成。

(6)拆卸组合仪表玻璃,脱开8个卡爪,并拆下组合仪表玻璃,见图16-8。

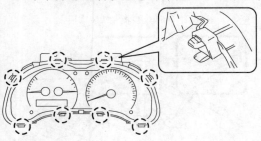

图16-8 拆卸组合仪表玻璃

2)汽车仪表总成的安装

(1)安装新组合仪表玻璃,接合8个卡爪,并安装组合仪表玻璃。

(2)安装组合仪表总成,连接连接器,并暂时安装组合仪表总成。注意,安装组合仪表总成时,不要损坏上仪表板分总成或组合仪表总成。

(3)接合2个导销。

安装组合仪表总成时,小心不要损坏导销,并将导销牢固地插入上仪表板分总成的孔内。

（4）用 2 个螺钉安装组合仪表总成。

（5）安装仪表组装饰板总成，接合导销、卡爪和 3 个卡子，并安装仪表组合装饰板总成，然后清除转向柱罩上贴着的保护性胶带。

（6）接合 2 个卡爪和 2 个卡子，并安装仪表板左端装饰板。

（7）安装仪表板右端装饰板。

三　学习拓展——汽车仪表常见图标含义

汽车仪表常见图标含义见表 16-1。

汽车仪表常见图标含义　　　　　表 16-1

汽车仪表显示图像	名　称	功　能　说　明
	车门状态指示灯	显示车门是否完全关闭，车门打开或未能完全关闭时，该指示灯亮起，提示车主车门未关好，车门关闭后熄灭
	驻车指示灯	当驻车制动操纵杆拉起时，此灯点亮，驻车制动操纵杆放下时，该指示灯自动熄灭。在部分车型上，制动液不足时该灯也会点亮
	蓄电池指示灯	显示蓄电池的工作状态。接通点火开关后亮起，发动机起动后正常情况下该灯熄灭
	制动摩擦盘指示灯	显示制动摩擦片磨损情况。正常情况下此灯熄灭，点亮时提示车主应及时更换制动摩擦片，修复后熄灭
	机油指示灯	显示发动机机油压力是否正常。该灯亮起时表示润滑系统失去压力，应立即停车进行检查
	冷却液温度指示灯	显示发动机冷却液温度是否过高。此灯点亮时，应及时关闭发动机并检查冷却系统的工作状态

续上表

汽车仪表显示图像	名 称	功能说明
	安全气囊指示灯	显示安全气囊的工作状态。接通点火开关后,点亮 3~4s 熄灭,表示系统正常,否则应及时进行检查
	制动防抱死系统（ABS）指示灯	显示 ABS 系统工作状态。接通点火开关后,点亮 3~4s 熄灭,表示系统正常,否则应及时进行检查
	发动机故障指示灯	显示发动机是否有故障。接通点火开关后,点亮 3~4s 熄灭,表示系统正常,否则应及时进行检查
	燃油指示灯	提示燃油液位不足的指示灯。该灯亮起时表示燃油即将耗尽,一般从该灯亮起到燃油耗尽之前,车辆还能行驶约 50km 左右
	清洗液指示灯	显示风窗玻璃清洗液存量的指示灯。该灯点亮说明清洗液即将耗尽
	电子油门指示灯	本指示标志多见于大众系列车型中,车辆开始自检时,该灯会点亮数秒随后熄灭,若常亮应及时进行检修
	前后雾灯指示灯	显示前后雾灯的工作状况。前后雾灯接通时相应指示灯点亮,图中左侧为前雾灯指示灯,右侧为后雾灯指示灯
	O/D 挡指示灯	显示自动挡的 O/D 挡(Over-Drive,超速挡)的工作状态。当指示灯点亮即表明 O/D 挡已经锁止

续上表

汽车仪表显示图像	名　称	功　能　说　明
	示宽灯指示灯	显示车辆示宽灯的工作状态。点亮表明示宽灯已经打开
	转向指示灯	显示车辆转向灯点亮状态。转向开关打开,相应的转向指示灯按一定频率闪烁,按下双闪警示灯时,两灯同时亮起

四　评价与反馈

❶ 自我评价与反馈

（1）通过本学习任务的学习,你是否已经知道以下问题。

①一般汽车的常规仪表有哪些？

_____

②通过互联网信息查询,说出尽可能多的汽车仪表警告功能。

_____

（2）在汽车组合仪表的拆装操作过程中用到了哪些工具？

_____

（3）实训过程完成情况如何？

_____

（4）通过本学习任务的学习,你认为自己的知识和技能还有哪些欠缺？

_____

　　　　　　　　　　　签名：_____　　_____年____月____日

❷ 小组评价与反馈（表16-2）

小组评价表　　　　　　　　　　　　　　　　　　表16-2

序号	评价项目	评价情况
1	着装是否符合要求	
2	是否能合理规范地使用仪器和设备	
3	是否按照安全和规范的流程操作	
4	是否遵守学习、实训场地的规章制度	
5	是否能保持学习、实训场地整洁	
6	团结协作情况	

参与评价的同学签名：_____　　_____年____月____日

3 教师评价及反馈

_____

_____

教师签名：_____　　　_____年___月___日

五 技能考核标准（表16-3）

技能考核标准表　　　　　　　　　　　　　　表16-3

序号	项 目	操作内容	规定分	得分
1	组合仪表的拆卸	确认车辆安全，安装车轮挡块、翼子板布、三件套等	5分	
		断开蓄电池负极	3分	
		拆卸仪表板左下装饰板	5分	
		拆卸仪表板左端装饰板	5分	
		操作倾斜度调节杆以降下转向盘总成	5分	
		在相应位置粘贴保护性胶带	3分	
		脱开导销、卡爪和3个卡子，并拆下仪表组装饰板总成	8分	
		拆下组合仪表总成2个螺钉，脱开2个导销	6分	
		拉出组合仪表总成，断开连接器，并拆下组合仪表总成	5分	
		脱开8个卡爪，并拆下组合仪表玻璃	6分	
2	组合仪表的安装	接合8个卡爪，并安装组合仪表玻璃	5分	
		连接连接器，并暂时安装组合仪表总成	5分	
		接合2个导销，用2个螺钉安装组合仪表总成	6分	
		接合导销、卡爪和3个卡子，并安装仪表组装饰板总成	6分	
		清除转向柱罩上贴着的保护性胶带	4分	
		接合2个卡爪和2个卡子，并安装仪表板左端装饰板	8分	
		安装仪表板左下装饰板	5分	
3	安全操作及工具使用	操作是否符合安全操作规程，工具使用是否规范	5分	
4	执行5S操作	是否按照规定整理清洁场地	5分	
		总分	100分	

项目四　汽车多媒体信息显示系统的拆装

学习任务 17　汽车导航及音响系统的拆装及更换

学习目标

 知识目标

1. 知道汽车导航系统的组成；
2. 了解车辆导航工作过程。

 技能目标

1. 能完成汽车导航及音响系统的拆装与更换；
2. 操作过程中符合安全、规范等要求。

建议课时

5 课时。

 任务描述

一个客户来到丰田4S店，反映他的卡罗拉轿车导航出现问题，不能正常工作。经维修人员检测后确认是导航系统硬件损坏，需要对整个导航及音响系统进行更换，这个工作交给你来做，你能够独立完成吗？

一　理论知识准备

❶ 汽车导航系统的组成

汽车导航系统主要由 GPS 卫星天线、陀螺仪传感器、车速传感器、ECU、显示屏、地图光盘（或存储卡）等部分组成，如图 17-1 所示。

❷ 汽车导航系统的作用

汽车导航系统的作用为正确跟踪当前车辆位置并将其显示在地图上。

❸ 车辆位置跟踪方法

有两种方法可以跟踪当前车辆位置：自动导航（推算法定位）和 GPS（全球卫星定位系统）导航。在导航过程中这两种导航方法会相互结合使用，见图 17-2。需要指出的是，结合使用自动导航和 GPS 导航，即使车辆处于隧道内、室内等没有 GPS 信号的情况下也

175

可以显示车辆位置,但仅使用自动导航,测绘精度可能会稍有降低。导航术语解释请见表 17-1。

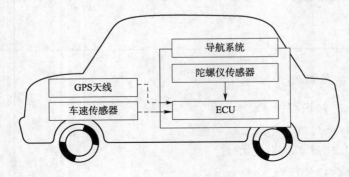

图 17-1 导航系统的组成

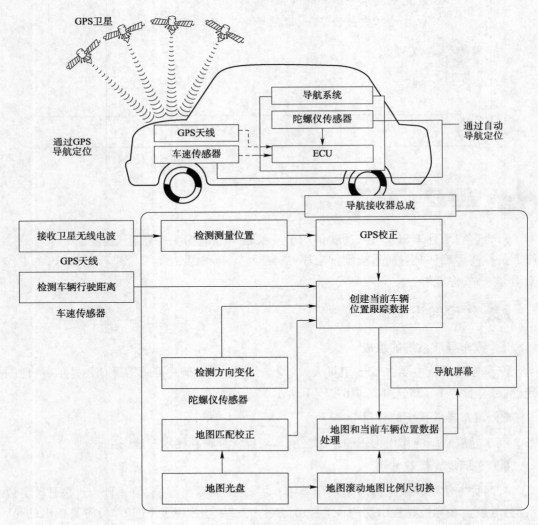

图 17-2 导航系统工作原理

项目四 汽车多媒体信息显示系统的拆装

导航术语解释 表 17-1

术 语	解 释
车辆位置计算	导航接收器总成利用陀螺仪传感器的方向偏差信号以及车速传感器的行车距离信号计算当前车辆位置(方向和当前位置),然后创建行驶路线
地图显示屏处理	导航接收器总成通过处理车辆位置数据、车道以及地图光盘内的地图数据在地图上显示车辆的轨迹
地图匹配	将地图光盘(或存储卡)中的地图数据与车辆位置和车道数据相比较,然后将车辆位置与最近的路线进行匹配
GPS 校正	将车辆位置与 GPS 测量的位置进行匹配,然后将来自 GPS 装置的测量位置数据与车辆位置和车道数据进行比较。如果位置差别很大,则使用 GPS 测量位置
距离校正	车速传感器的行车距离信号中含有由于轮胎磨损以及轮胎与路面之间打滑所造成的误差;进行距离校正可解决此问题;导航接收器总成自动补偿行车距离信号,以补偿其与地图中距离数据之间的差异;该补偿值自动更新

❹ 自动导航

该方法根据位于导航接收器总成中的陀螺仪传感器和车速传感器所确定的车道确定车辆相对位置。

(1)陀螺仪传感器通过探测角速度计算方向,它位于导航接收器总成内。

(2)车速传感器用于计算车辆的行车距离。

❺ GPS 导航

该方法利用 GPS 卫星的无线电波探测车辆绝对位置。只有车辆接收到四颗或四颗以上卫星信号时,才能够根据当前的经度、纬度和海拔高度进行三维测量车辆位置,当只能接收到三颗卫星信号时,只能根据当前的经度和纬度进行二维测量车辆位置,这种方法测量精度要比三维测量低。而当接收卫星信号少于三颗时,则无法进行测量。

❻ 地图匹配

通过自动导航(根据陀螺仪传感器与车速传感器)和 GPS 导航计算当前的行驶路线。然后,此计算结果将与地图光盘地图数据中可能的路形进行比较,从而将车辆位置设定在最为合理的道路上,见图 17-3。

二 任务实施——汽车导航及音响系统的拆装及更换

❶ 准备工作

(1)将实训车辆停放在检测区域。

(2)准备常用工具、车辆挡块、翼子板布、三件套等教学用具。

(3)准备好丰田卡罗拉维修手册。

❷ 技术要求与注意事项

(1)在进行电气操作前,断开蓄电池负极(−)端子,以防系统产生短路。

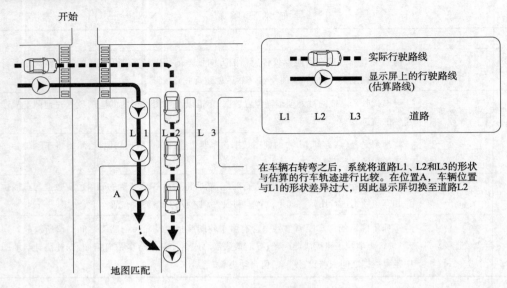

图 17-3 地图匹配原理

(2) 当断开以及重新连接蓄电式电缆时,关掉点火开关和照明开关,彻底松开端子螺母。执行这些操作时,不要撬动端子。

3 操作步骤

1) 导航及音响系统的拆卸

(1) 弹出地图光盘。

①将点火开关置于 ON(IG)位置。

②按下"OPEN"按钮。

③按下"MAP"按钮以弹出地图光盘。

(2) 拆卸仪表板左下装饰板,见图 17-4。

(3) 拆卸仪表板右下装饰板,见图 17-5。

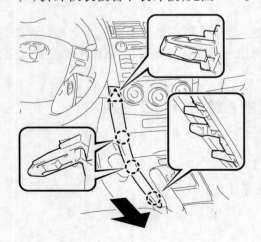

图 17-4 拆卸仪表板左下装饰板

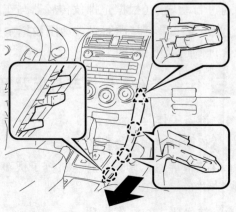

图 17-5 拆卸仪表板右下装饰板

(4) 拆卸仪表板左端装饰板,见图 17-6。
(5) 拆卸仪表板右端装饰板,见图 17-7。

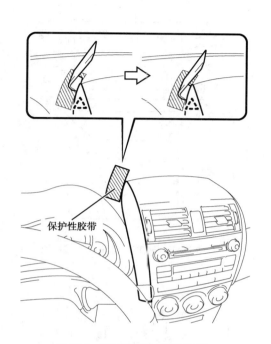

保护性胶带

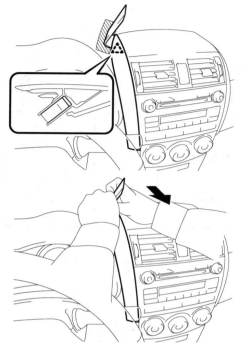

图 17-6　拆卸仪表板左端装饰板

图 17-7　拆卸仪表板右端装饰板

(6) 拆卸中央仪表板调风器总成,见图 17-8。
(7) 拆卸带支架的导航接收器。
① 拆下 4 个螺栓,见图 17-9。
② 将带支架的导航接收器向车后方向拉,脱开 4 个卡子;断开各连接器并拆下带支架的导航接收器,见图 17-10。
(8) 拆下 4 个螺钉和 2 号收音机支架,螺钉位置见图 17-11。
(9) 拆下 4 个螺钉和 1 号收音机支架,螺钉位置见图 17-12。
(10) 拆卸导航接收器总成。

2) 导航及音响系统的安装

(1) 安装新的导航接收器总成。
(2) 安装 1 号收音机支架,用 4 个螺栓安装 1 号收音机支架。
(3) 安装 2 号收音机支架,用 4 个螺栓安装 2 号收音机支架。
(4) 安装带支架的导航接收器,连接每个连接器,结合 4 个卡子,然后用 4 个螺栓安装带支架的导航接收器。

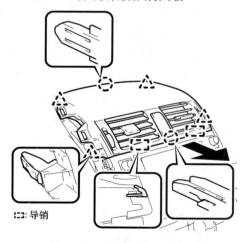

导销

图 17-8　拆卸中央仪表板调风器总成

(5)安装中央仪表板调风器总成。

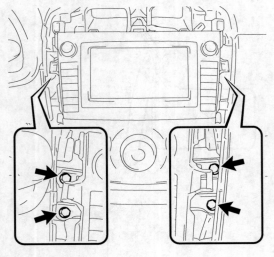

图17-9 拆下导航器四个螺栓

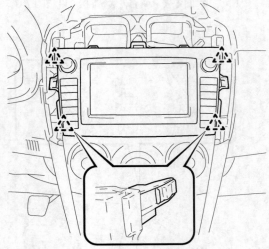

图17-10 拆卸带支架的导航接收器

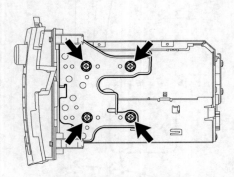

图17-11 2号收音机支架螺钉的位置

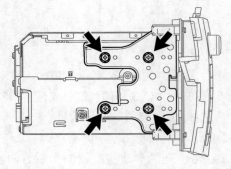

图17-12 1号收音机支架螺钉的位置

(6)安装仪表板左端装饰板。
(7)安装仪表板右端装饰板。
(8)安装仪表板左下装饰板。
(9)安装仪表板右下装饰板。
(10)插入地图光盘。

三 学习拓展——CD(光盘)播放机

光盘播放机利用激光头读取光盘(CD)上记录的数字信号,并通过将数字信号转换为模拟信号,即可播放音乐和其他内容。在使用过程中应注意,不要拆解CD播放机的任何部分,不能在CD播放机上涂抹润滑油,也不要将CD以外的任何物品插入CD播放机。

由于CD播放机使用不可见的激光束,所以不能直视激光头,并且务必要按照说明操作播放机。

（1）不能播放带有复制保护功能的CD。

（2）根据光盘的刻录状况或特征，或者由于损坏、污垢或光盘长时间置于仓内而引起的变形，可能无法播放CD-R和CD-RW。

（3）不能播放未封轨的CD-R和CD-RW。

（4）不能播放一面是DVD录制材料，一面是CD数字音频材料的双面光盘。

（5）使光盘远离尘垢，小心不要损坏光盘或在上面留下手指印。

（6）通过外缘和中心孔将光盘拿起，并使标签面朝上。

（7）按下光盘弹出按钮后长时间让光盘半露在槽中，可能会导致光盘变形，从而使光盘不能使用。

（8）如果光盘上有胶带、贴纸、CDR标签或粘贴过标签后留下的痕迹，则光盘可能不会弹出或导致播放机故障。

（9）使光盘远离阳光直射（直接暴露在阳光下可能导致光盘变形，从而使光盘不能使用）。

（10）不要使用形状特殊的CD，因为可能导致播放机故障。

（11）不要使用刻录部分呈透明或半透明状的光盘，因为它们可能无法正常插入、弹出或播放。

寒冷或下雨天气时，如果窗户湿气增加，播放机内可能形成湿气以及凝露。在这种情况下，CD可能出现跳读情况或者CD在播放中途停止。使用播放机前，对车厢进行一段时间的通风或除湿。

如果车辆行驶在不平整的道路或不平坦的表面时，播放机受到剧烈振动，则CD可能跳读。

不要使用镜头清洁剂，因为它可能引起播放机的激光头故障。

（1）如果光盘表面有污垢，用一块软干布（如用于清洁树脂镜片的眼镜布）从内向外沿径向将其擦拭干净。

（2）用手按光盘或用硬布摩擦光盘可能划伤光盘表面。

（3）使用溶液（如唱片喷雾剂、抗静电制剂、酒精、汽油和稀释剂）或化学布料可能损坏光盘，从而使光盘不能使用。

四 评价与反馈

1 自我评价与反馈

（1）通过本学习任务的学习，你是否已经知道以下问题。

汽车车身电气系统拆装

①汽车导航的基本原理是什么?

②试说出汽车导航常见术语的含义。

(2)在汽车导航的拆装操作过程中用到了哪些工具?

(3)实训过程完成情况如何?

(4)通过本学习任务的学习,你认为自己的知识和技能还有哪些欠缺?

签名:_____ ___年___月___日

❷ 小组评价与反馈(表17-2)

小组评价表　　　　　　　　　　表17-2

序号	评价项目	评价情况
1	着装是否符合要求	
2	是否能合理规范地使用仪器和设备	
3	是否按照安全和规范的流程操作	
4	是否遵守学习、实训场地的规章制度	
5	是否能保持学习、实训场地整洁	
6	团结协作情况	

参与评价的同学签名:_____ ___年___月___日

❸ 教师评价及反馈

教师签名:_____ ___年___月___日

五　技能考核标准(表17-3)

技能考核标准表　　　　　　　　　　表17-3

序号	项目	操作内容	规定分	得分
1	汽车导航及音响系统的拆卸	确认车辆安全,安装车轮挡块、翼子板布、三件套等	5分	
		断开蓄电池负极	3分	
		弹出地图光盘	4分	
		拆卸仪表板左下装饰板	4分	
		拆卸仪表板右下装饰板	4分	

续上表

序号	项　　目	操 作 内 容	规定分	得分
1	汽车导航及音响系统的拆卸	拆卸仪表板左端装饰板	4分	
		拆卸仪表板右端装饰板	4分	
		拆卸中央仪表板调风器总成	4分	
		拆卸带支架的导航接收器的拆下4个螺栓,将带支架的导航接收器向车后方向拉,脱开4个卡子；断开各连接器并拆下带支架的导航接收器	5分	
		拆下4个螺钉和2号收音机支架	4分	
		拆下4个螺钉和1号收音机支架	4分	
		拆卸导航接收器总成	4分	
2	汽车导航及音响系统的安装	安装新的导航接收器总成	4分	
		安装1号收音机支架	4分	
		安装2号收音机支架	4分	
		安装带支架的导航接收器,连接每个连接器,接合4个卡子,然后用4个螺栓安装带支架的导航接收器	5分	
		安装中央仪表板调风器总成	4分	
		安装仪表板左端装饰板	4分	
		安装仪表板右端装饰板	4分	
		安装仪表板左下装饰板	4分	
		安装仪表板右下装饰板	4分	
		插入地图光盘	4分	
3	安全操作及工具使用	操作是否符合安全操作规程,工具使用是否规范	5分	
4	执行5S操作	是否按照规定整理清洁场地	5分	
		总分	100分	

项目五　汽车电子安全系统的拆装

学习任务18　汽车倒车雷达及倒车影像系统的拆装及更换

学习目标

 知识目标

知道汽车倒车雷达和倒车影像系统的结构组成。

 技能目标

能正确地对汽车倒车雷达和倒车影像进行分解与连接。

建议课时

3课时。

某丰田4S店接到一辆追尾事故车，经维修人员检测后确认该车倒车雷达及倒车影像系统已损坏，现需对倒车雷达与倒车影像系统进行拆装及更换。

一　理论知识准备

1. 倒车雷达的组成与作用

（1）组成。倒车雷达由感应器（探头）、主机、显示设备（蜂鸣器）等组成，见图18-1。

项目五 汽车电子安全系统的拆装

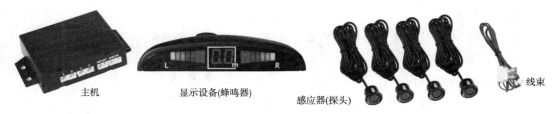

主机　　　显示设备(蜂鸣器)　　　感应器(探头)　　　线束

图 18-1　倒车雷达主要部件

(2)作用。倒车雷达是汽车泊车安全辅助装置,能解除驾驶员泊车和起动车辆时前后左右探视所引起的困扰,并帮助驾驶员扫除视野死角和视线模糊的缺陷,提高驾驶的安全性。

❷ 倒车雷达的工作原理

在倒车时,利用超声波测距原理,由装置于车尾保险杠上的探头发送的超声波撞击障碍物后反射此声波并由探头接收,从而计算出车体与障碍物之间的实际距离,再提示给驾驶员,使停车和倒车更容易、更安全。倒车雷达的提示方式可分为液晶显示距离、语言提示和声音提示三种形式,接收方式有无线传输和有线传输等。

❸ 倒车影像系统的组成与作用

(1)组成。倒车影像系统由倒车摄像头、倒车影像系统控制单元和显示屏组成,见图18-2。

摄像头　　　　　　倒车影像系统控制单元及显示屏

图 18-2　倒车影像系统主要部件

(2)作用。倒车影像系统让倒车时,车后的状况更加直观可视,对于倒车安全来说是非常实用的配置之一。当挂倒车挡时,该系统会自动接通位于车尾的高清倒车摄像头,将车后状况清晰地显示于液晶显示屏上,让驾驶员准确把握后方路况,倒车亦如前进般自如、自信。

二　任务实施——汽车倒车雷达系统超声波传感器的拆装及更换

❶ 准备工作

(1)丰田卡罗拉轿车(或其他车型车辆)一辆。

(2)丰田卡罗拉轿车(或相应车型)维修手册一本。

(3)拆装工具一套。

2 操作步骤

1）汽车倒车雷达系统超声波传感器的拆卸

（1）拆卸后保险杠总成。

①丰田卡罗拉后保险杠超声波传感器安装位置图，见图 18-3。

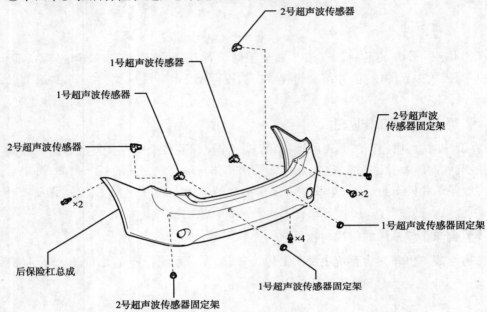

图 18-3 丰田卡罗拉后保险杠超声波传感器安装位置

②在后保险杠总成四周粘贴保护性胶带，拆下 6 个卡子和 2 个螺栓，见图 18-4。

③脱开 16 个卡爪并拆下后保险杠总成，见图 18-5。

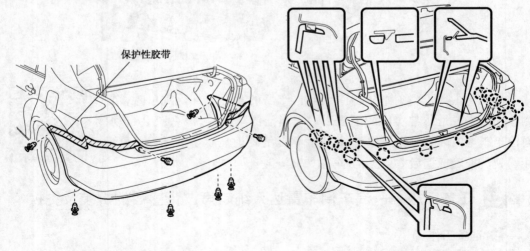

图 18-4 拆卸卡子与螺栓　　　　图 18-5 拆下后保险杠总成

（2）拆卸 1 号超声波传感器。

①断开传感器连接器。

②脱开4个卡爪和线束卡子,见图18-6。
③用手指压下杆松开卡爪时,脱开另一侧的卡爪以拆下1号超声波传感器。

 小贴士

传感器顶部和底部的卡爪类型是不同的。拆下传感器前,仔细观察卡爪,见图18-7。

(3)脱开2个卡爪,将1号超声波传感器固定架从后保险杠上拆下,见图18-8。

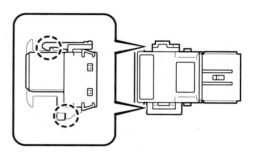

图18-7 拆下传感器前,仔细观察卡爪

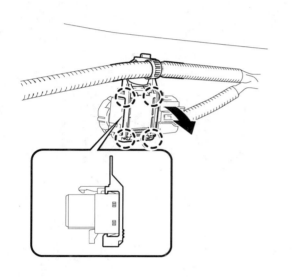

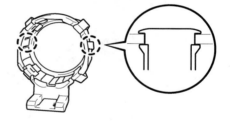

图18-8 拆卸1号超声波传感器固定架

图18-6 脱开4个卡爪和线束卡子

(4)拆卸2号超声波传感器。
①断开传感器连接器。
②用手指压下杆松开卡爪时,脱开另一侧的卡爪以拆下2号超声波传感器。

 小贴士

传感器顶部和底部的卡爪类型是不同的。拆下传感器前,仔细观察卡爪,见图18-9。

(5)拆卸2号超声波传感器固定架。
脱开2个卡爪,将2号超声波传感器固定架从后保险杠上拆下,见图18-10。
2)汽车倒车雷达系统超声波传感器的安装(更换)
(1)安装2号超声波传感器固定架。
①将2号超声波传感器固定架安装到后保险杠上。

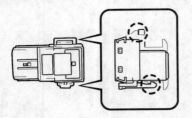
图18-9 拆下传感器前,仔细观察卡爪

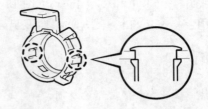
图18-10 拆卸2号超声波传感器固定架

(1)安装固定架时,不要损坏带卡环的保险杠。
(2)安装固定架时,对齐锁孔和卡子,见图18-11。

②接合2个卡爪,见图18-12。

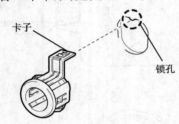
图18-11 安装固定架对齐锁孔和卡子

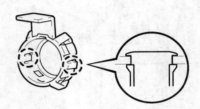
图18-12 接合2个卡爪

(2)安装2号超声波传感器。
①接合2个卡爪并安装2号超声波传感器,见图18-13。

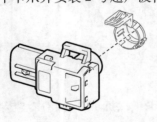
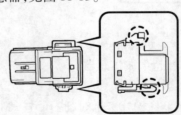

图18-13 安装2号超声波传感器

②连接传感器连接器。
(3)安装1号超声波传感器固定架。
①将1号超声波传感器固定架安装到后保险杠上,见图18-14。
②接合2个卡爪,见图18-15。
(4)安装1号超声波传感器。
①接合2个卡爪并安装1号超声波传感器,见图18-16。
②连接传感器连接器。
③接合4个卡爪和线束卡子,见图18-17。
(5)安装后保险杠总成。

①接合16个卡爪并安装后保险杠总成,见图18-18。

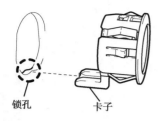

图18-14 安装1号超声波传感器固定架

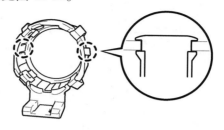

图18-15 接合2个卡爪

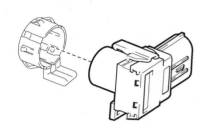

图18-16 安装1号超声波传感器

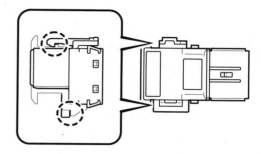

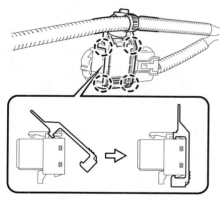

图18-17 接合4个卡爪和线束卡子

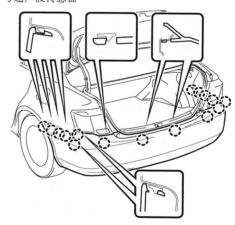

图18-18 接合16个卡爪

②安装2个螺栓和6个卡子,见图18-19。

(6)调整并验证汽车倒车雷达系统的工作情况。

三 学习拓展——更换倒车影像摄像机

❶ 倒车影像摄像机的拆卸

(1)拆卸行李舱门装饰罩。
(2)拆卸倒车影像摄像机总成。
①断开倒车影像摄像机连接器。
②拆下2个螺母,见图18-20。

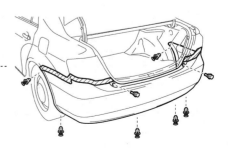

图18-19 安装2个螺栓和6个卡子

③脱开2个卡爪以拆下倒车影像摄像机总成,见图18-21。

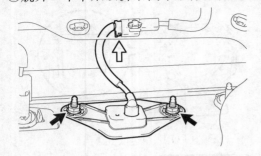

图18-20 断开倒车影像摄像机连接器、拆下2个螺母

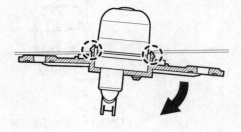

图18-21 拆下倒车影像摄像机总成

2 倒车影像摄像机的安装

(1)安装倒车影像摄像机总成。

①接合2个卡爪,将倒车影像摄像机总成安装至行李舱,见图18-22。

②用2个螺母安装倒车影像摄像机总成。

③连接倒车影像摄像机连接器,见图18-23。

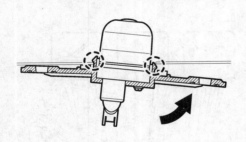

图18-22 将倒车影像摄像机总成安装至行李舱

图18-23 连接倒车影像摄像机连接器

(2)安装行李舱门装饰罩。

①安装行李舱门外装饰条分总成。

a. 接合卡子,安装行李舱门外装饰条分总成,见图18-24。

b. 安装6个螺母。

c. 连接连接器。

②用9个卡子安装行李舱门装饰罩,见图18-25。

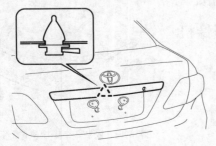

图18-24 安装行李舱门外装饰条分总成

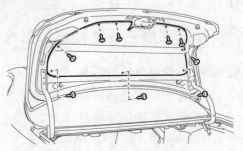

图18-25 安装行李舱门装饰罩

(3)调整并验证驻车辅助监视系统。

四 评价与反馈

❶ 自我评价与反馈

(1)通过本学习任务的学习,你是否已经知道以下问题。

①倒车雷达由哪些主要部件组成?

_____

②倒车影像系统由那些主要部件组成?

_____

(2)倒车雷达拆装操作过程中用到了哪些工具?

_____

(3)学习了本实训任务,你掌握了哪些内容?

_____

(4)通过本学习任务的学习,你认为自己的知识和技能还有哪些欠缺?

_____

签名:_____   _____年____月____日

❷ 小组评价与反馈(表18-1)

小组评价表　　　　　　　　　　　　　表18-1

序号	评价项目	评价情况
1	着装是否符合要求	
2	是否能合理规范地使用仪器和设备	
3	是否按照安全和规范的流程操作	
4	是否遵守学习、实训场地的规章制度	
5	是否能保持学习、实训场地整洁	
6	团结协作情况	

参与评价的同学签名:_____   _____年____月____日

❸ 教师评价及反馈

_____

_____

教师签名:_____   _____年____月____日

五 技能考核标准（表18-2）

技能考核标准表　　　　　　　　　　　　表18-2

序号	项目	操作内容	规定分	得分
1	拆卸倒车雷达超声波传感器	拆卸后保险杠总成	10分	
		拆卸1号超声波传感器	5分	
		拆下1号超声波传感器固定架	3分	
		拆卸2号超声波传感器	5分	
		拆卸2号超声波传感器固定架	3分	
	安装倒车雷达超声波传感器	安装2号超声波传感器固定架	5分	
		安装2号超声波传感器	5分	
		安装1号超声波传感器固定架	3分	
		安装1号超声波传感器	3分	
		安装后保险杠总成	10分	
		验证工作情况	5分	
		倒车雷达拆装注意事项	5分	
2	拆卸倒车影像摄像机	拆卸行李舱门装饰罩	5分	
		拆卸倒车影像摄像机总成	5分	
	安装倒车影像摄像机	安装倒车影像摄像机总成	5分	
		安装行李舱门装饰罩	5分	
		调整并验证驻车辅助监视系统	3分	
		倒车影像的拆装注意事项	5分	
3	安全操作及工具使用	操作是否符合安全操作规程,工具使用是否规范	5分	
4	执行5S操作	是否按照规定整理清洁场地	5分	
		总分	100分	

学习任务19　汽车安全气囊系统的拆装及更换

学习目标

★ 知识目标

知道汽车安全气囊系统的结构和组成部件。

★ 技能目标

1. 能正确地对汽车安全气囊系统进行拆装与更换；
2. 知道汽车安全气囊系统拆装的注意事项。

建议课时

5课时。

任务描述

丰田4S店接到一辆事故车,该车为丰田卡罗拉轿车,车辆安全气囊已经在事故中引爆,为保障行车安全,现要求对汽车安全气囊系统进行拆装及更换。

一 理论知识准备

1 安全气囊系统的组成

安全气囊系统主要包括碰撞传感器、气囊电脑、系统指示灯、气囊组件以及连接线路。气囊组件主要包括气囊、气体发生器以及点火器等。

2 安全气囊的打开条件

安全气囊打开需要合适的速度和碰撞角度。从理论上讲,只有车辆的正前方左右大约60°之间位置撞击在固定的物体上,且速度高于30km/h,这时安全气囊才可能打开。这里所说的速度不是我们通常意义上所理解的车速,而是在试验室中车辆相对刚性固定障碍物碰撞的速度,实际碰撞中汽车的速度高于试验速度时,气囊才能打开。

3 注意事项

(1)拆下蓄电池的负极(-),待60s后进行作业。拆下负极(-)用胶带缠好以便绝缘。

(2)安全气囊模块及螺旋连接器绝对不要分解或修理。如有故障一定要换用新的。

(3)对安全气囊模块、螺旋连接器的使用一定要十分注意,不要掉在地上或浸入水或油中;如有凹陷、裂纹、变形等请换新件。

(4)安全气囊模块展开,要将展开面向上,放于平坦处保管,上面不要放其他物品。

(5)安全气囊模块不可放在超过93℃的地方。

(6)安全气囊展开后,要换新的;同时检查螺旋连接器,如有异常则换新件。

(7)在操作展开后的安全气囊时,要使用手套和保护眼睛。

(8)在报废未展开的安全气囊时,一定先将其展开后再废弃。

二 任务实施——汽车安全气囊系统的拆装及更换

1 准备工作

(1)丰田卡罗拉轿车(或其他车型车辆)一辆。

(2)丰田卡罗拉轿车(或其他车型车辆)维修手册一本。

(3)常用工具一套。

2 操作步骤

1)驾驶员侧安全气囊系统的拆卸

(1)使前轮处于正前位置。

(2) 将电缆从蓄电池负极端子上断开。

断开电缆后等待 90s，防止气囊展开。

(3) 拆卸转向盘 3 号下盖。
使用头部缠有保护性胶带的螺丝刀，脱开卡爪并拆下转向盘 3 号下盖，见图 19-1。
(4) 拆卸转向盘 2 号下盖。
使用头部缠有保护性胶带的螺丝刀，脱开卡爪并拆下转向盘 2 号下盖，见图 19-2。

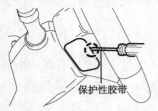 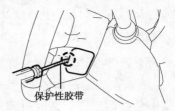

图 19-1　拆卸转向盘 3 号下盖　　　　图 19-2　拆卸转向盘 2 号下盖

(5) 拆卸转向盘装饰盖。
① 使用"TORX"梅花套筒（T30），松开 2 个"TORX"梅花螺钉，直至螺钉边沿的凹槽与螺钉座齐平。
② 从转向盘总成中拉出转向盘装饰盖，并且用一只手支撑转向盘装饰盖，见图 19-3。

拆下转向盘装饰盖时，不要拉动气囊线束。

③ 将喇叭连接器从转向盘装饰盖上断开。
④ 使用头部缠有保护性胶带的螺丝刀，断开气囊连接器并拆下转向盘装饰盖。

处理气囊连接器时，小心不要损坏气囊线束。

(6) 拆卸转向盘总成。
① 拆下转向盘总成固定螺母。
② 在转向盘总成和转向主轴上做装配标记，见图 19-4。
③ 将连接器从螺旋电缆上断开。
④ 使用 SST 拆下转向盘总成，见图 19-5。
SST 09950-50013（09951-05010，09952-05010，09953-05020，09954-05021）。

项目五　汽车电子安全系统的拆装

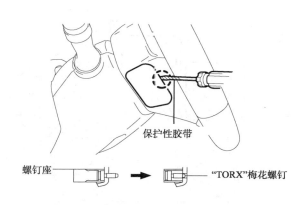

图19-3　拆卸转向盘装饰盖

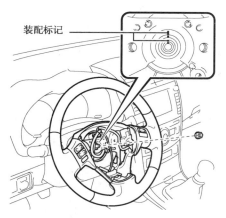

图19-4　连接器从螺旋电缆上断开

 小贴士

使用前在SST(09953-05020)的螺纹和顶部涂抹一层润滑脂。

(7) 拆卸仪表板1号底罩总成。

①拆下2个螺钉＜B＞，见图19-6。

②脱开卡爪。

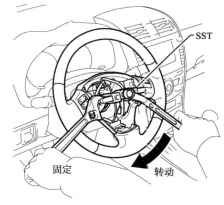

图19-5　使用SST拆下转向盘总成　　　　图19-6　拆下2个螺钉

③脱开导销，并拆下仪表板1号底罩分总成，见图19-7。

(8) 脱开5个卡爪、2个导销和2个卡子，并拆下仪表板下装饰板分总成，见图19-8。

(9) 断开连接器，拆下喇叭按钮线束分总成，见图19-9。

(10) 拆卸下转向柱罩。

 小贴士

以错误顺序拆下下转向柱罩会造成下转向柱罩损坏。

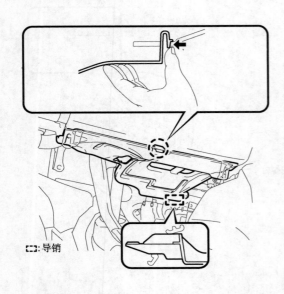

图 19-7 拆下仪表板 1 号底罩分总成

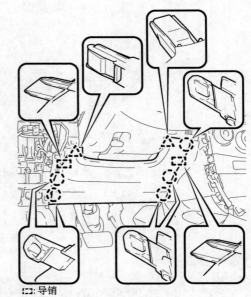

图 19-8 拆卸仪表板下装饰板总成

① 拉动下转向柱罩的左右两侧，并脱开 4 个卡爪，见图 19-10。
② 将手指插入下转向柱罩斜度调节杆的开口处以脱开卡爪。

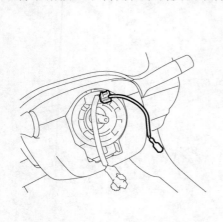

图 19-9 拆卸喇叭按钮线束总成

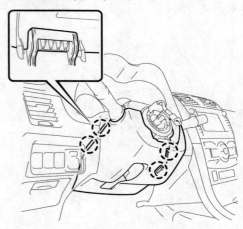

图 19-10 脱开 4 个卡爪

> 展开卡爪以使其脱开，见图 19-11。

③ 转动下转向柱罩以脱开 2 个卡爪并拆下下转向柱罩，见图 19-12。
（11）脱开卡爪和 2 个销并拆下上转向柱罩，见图 19-13。
（12）拆卸螺旋电缆。

①将连接器从螺旋电缆上断开。

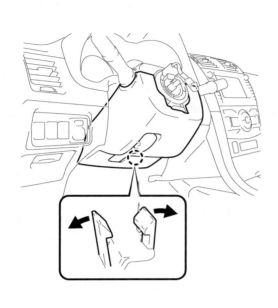

图19-11 脱开卡爪

处理气囊连接器时,小心不要损坏气囊线束。

②脱开3个卡爪并拆下螺旋电缆,见图19-14。

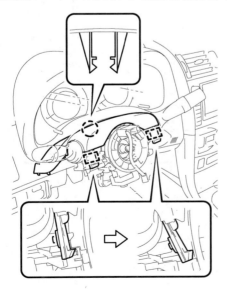

图19-13 拆卸上转向柱罩

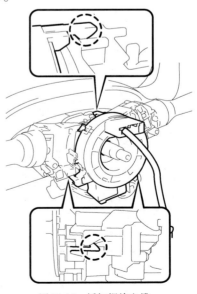

图19-12 拆下下转向柱罩

图19-14 拆卸螺旋电缆

2)驾驶员侧安全气囊系统的安装(更换)

(1)安装螺旋电缆,见图19-15。

①检查并确认车辆前轮正对前方。

②将转向信号开关置于空挡位置。

> 小贴士
> 如果转向信号开关不在空挡位置上,转向信号开关销可能会卡住。

③接合3个卡爪并安装螺旋电缆。

> 小贴士
> 换上新的螺旋电缆时,在安装转向盘总成之前拆下锁销。

④将连接器连接至螺旋电缆。

> 小贴士
> 处理气囊连接器时,小心不要损坏气囊线束。

(2)接合卡爪和2个销并安装上转向柱罩,见图19-16。

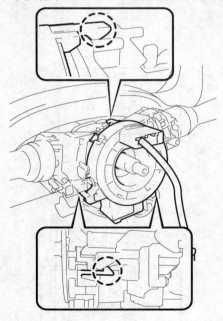

图19-15 安装螺旋电缆

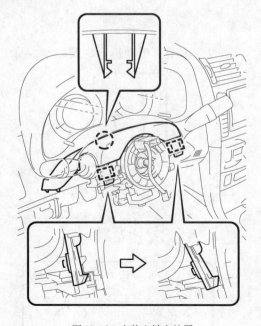

图19-16 安装上转向柱罩

(3)安装下转向柱罩。

如果下转向柱罩按错误顺序安装,则可能无法装配下转向柱罩。

①接合2个卡爪以安装下转向柱罩,见图19-17。
②接合4个卡爪见图19-18。

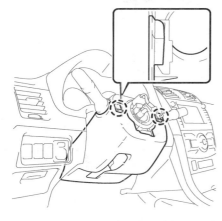
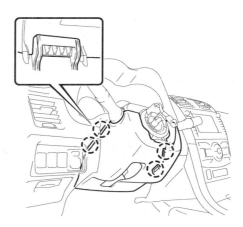

图19-17　安装下转向柱罩　　　　图19-18　接合4个卡爪

③接合卡爪。

按压卡爪周围区域使其接合。

(4)连接连接器,并安装喇叭按钮线束分总成,见图19-19。
(5)将前轮转向正前位置。
(6)调整螺旋电缆。
①检查并确认点火开关置于OFF位置。
②检查并确认蓄电池负极(-)电缆已断开。

断开电缆后等待90s,防止气囊展开。

③用手逆时针缓慢旋转螺旋电缆,直至感觉牢固,见图19-20。

不要通过气囊线束来转动螺旋电缆。

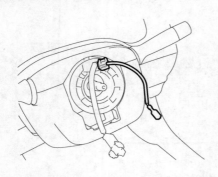

图 19-19　安装喇叭按钮线束分总成

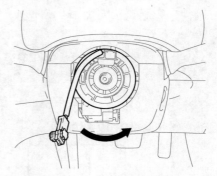

图 19-20　调整螺旋电缆

④顺时针旋转螺旋电缆约两圈半,以对准标记。

小贴士

(1)不要通过气囊线束来转动螺旋电缆,见图 19-21。
(2)将螺旋电缆从中心往左右旋转约两圈半。

(7)安装转向盘总成。
①对准转向盘总成和转向主轴上的装配标记,见图 19-22。
②安装转向盘总成固定螺母,并按手册标准拧紧力矩紧固螺母。
③将连接器连接至螺旋电缆分总成。

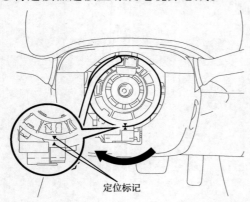

图 19-21　对准标记

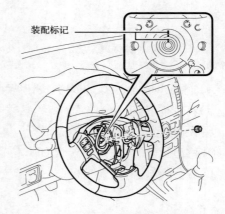

图 19-22　安装转向盘总成图

(8)安装转向盘装饰盖。
①检查并确认点火开关置于 OFF 位置。
②检查并确认蓄电池负极(－)端子已断开。

小贴士

断开电缆后等待 90s,防止气囊展开。

③用一只手支撑转向盘装饰盖，见图19-23。
④将气囊连接器连接至转向盘装饰盖。

处理气囊连接器时，小心不要损坏气囊线束。

⑤将喇叭连接器连接到转向盘装饰盖上。
⑥确认"TORX"梅花螺钉周围凹槽固定在螺钉座中，并将转向盘装饰盖于转向盘总成上，见图19-24。

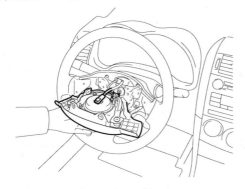

图19-23　安装转向盘装饰盖　　　　图19-24　将气囊连接器连接至转向盘装饰盖

⑦使用"TORX"梅花套筒（T30）紧固2个"TORX"梅花螺钉，见图19-25。
(9)接合卡爪并安装转向盘3号下盖，见图19-26。

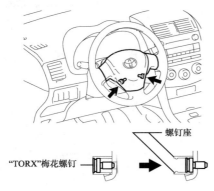
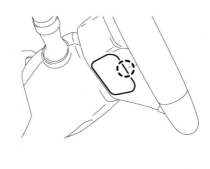

图19-25　紧固梅花螺钉　　　　图19-26　安装转向盘3号下盖

(10)安装转向盘2号下盖。
接合卡爪并安装转向盘2号下盖，见图19-27。
(11)检查转向盘中心点，见图19-28。
(12)接合5个卡爪、2个卡子和2个导销，并安装仪表板下装饰板分总成，见图19-29。
(13)安装仪表板1号底罩分总成。

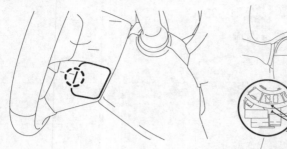

图 19-27　安装转向盘 2 号下盖　　　　图 19-28　检查转向盘中心点

①接合导销。
②接合卡爪。
③用 2 个螺钉安装仪表板 1 号底罩分总成，见图 19-30。

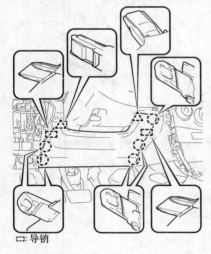

图 19-29　安装仪表板下装饰板分总成　　　图 19-30　安装仪表板 1 号底罩分总成

（14）将电缆连接到蓄电池负极端子。

> 断开蓄电池电缆后重新连接时，某些系统需要进行初始化。

（15）检查转向盘装饰盖。
①对安装在车辆中的转向盘装饰盖进行目视检查。如果有如下缺陷，换上新的转向盘装饰盖：转向盘装饰盖顶面上或在凹槽部位有划伤、小裂纹或明显褪色。
②确定喇叭可以鸣响。
（16）检查 SRS 警告灯。
①检查 SRS 警告灯。
②检查并确认点火开关置于 ON(IG) 位置大约 6s 后，SRS 警告灯熄灭（常态检查）。

三 学习拓展——安全带及汽车安全气囊系统的作用

汽车安全气囊系统(简称 SRS)是辅助安全系统,它通常是作为安全带的辅助安全装置出现。安全带与安全气囊是配套使用的,没有安全带,安全气囊的安全效果将大打折扣。据调查,单独使用安全气囊可使事故死亡率降低 18% 左右,单独使用安全带可使事故死亡率下降 42% 左右,而当安全气囊与安全带配合使用时可使事故死亡率降低 47% 左右。由此可见,只有两者相互配合才能最大可能地降低事故的死亡率,所以安全气囊系统必然作为安全带的辅助系统出现。

当发生碰撞事故时,安全带将乘员"约束"在座椅上,使乘员的身体不至于撞到转向盘、仪表板和风窗玻璃上,避免乘员发生二次碰撞;同时避免乘员在车辆发生翻滚等危险情况下被抛离座位。安全气囊的保护原理是:当汽车遭受一定碰撞力以后,气囊系统就会引发某种类似小剂量炸药爆炸的化学反应,隐藏在车内的安全气囊瞬间充气弹出,在乘员的身体与车内设备碰撞之前起到缓冲作用,减轻身体所受冲击力,从而达到减轻乘员伤害的效果。

四 评价与反馈

❶ 自我评价与反馈

(1)通过本学习任务的学习,你是否已知有哪些汽车安全气囊拆装注意事项?

(2)汽车安全气囊的拆装操作过程中用到了哪些工具?

(3)实训过程完成情况如何?

(4)通过本学习任务的学习,你认为自己的知识和技能还有哪些欠缺?

签名:_____   ____年____月____日

❷ 小组评价与反馈(表 19-1)

小组评价表   表 19-1

序号	评 价 项 目	评 价 情 况
1	着装是否符合要求	
2	是否能合理规范地使用仪器和设备	
3	是否按照安全和规范的流程操作	
4	是否遵守学习、实训场地的规章制度	
5	是否能保持学习、实训场地整洁	
6	团结协作情况	

参与评价的同学签名:_____   ____年____月____日

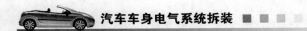

3 教师评价及反馈

_____

_____

教师签名：_____　　　_____年___月___日

五 技能考核标准（表 19-2）

技能考核标准表　　　　　　　　　　表 19-2

序号	项　目	操 作 内 容	规定分	得分
1	驾驶员侧安全气囊系统的拆卸	前轮处于正前位置	3分	
		将电缆从蓄电池负极端子上断开	3分	
		拆卸转向盘3号下盖	3分	
		拆卸转向盘2号下盖	3分	
		拆卸转向盘装饰盖	3分	
		拆卸转向盘总成	3分	
		拆卸仪表板1号底罩总成	3分	
		拆下仪表板下装饰板分总成	3分	
		拆下喇叭按钮线束分总成	3分	
		拆卸下转向柱罩	3分	
		拆下上转向柱罩	3分	
		拆卸螺旋电缆	3分	
	驾驶员侧安全气囊系统的安装	安装螺旋电缆	3分	
		安装上转向柱罩	3分	
		安装下转向柱罩	3分	
		安装喇叭按钮线束分总成	3分	
		将前轮转向正前位置	3分	
		调整螺旋电缆	3分	
		安装转向盘总成	3分	
		安装转向盘装饰盖	3分	
		安装转向盘3号下盖	3分	
		安装转向盘2号下盖	3分	
		检查转向盘中心点	3分	
		安装仪表板下装饰板分总成	3分	
		安装仪表板1号罩分总成	3分	
		将电缆连接到蓄电池负极端子	3分	
		检查转向盘装饰盖	3分	
		检查SRS警告灯	4分	
2	拆装注意事项	驾驶员侧安全气囊拆装注意事项	5分	
3	安全操作及工具使用	操作是否符合安全操作规程，工具使用是否规范	5分	
4	执行5S操作	是否按照规定整理清洁场地	5分	
		总分	100分	

项目五 汽车电子安全系统的拆装

学习任务20 汽车预紧式安全带系统的拆装及更换

学习目标

★ **知识目标**
知道汽车预紧式安全带系统的结构。

★ **技能目标**
1. 会正确地对预紧式安全带系统进行拆装与更换；
2. 操作过程中符合安全、规范等要求。

 建议课时
5课时。

丰田4S店接到一辆事故车,该车为丰田卡罗拉轿车,车辆安全气囊和预紧式安全带已经在事故中损坏,为保障行车安全,现要求对汽车预紧式安全带系统进行拆装及更换。

一 理论知识准备

❶ 预紧式安全带的组成

预紧式安全带由安全带织带、传感器、动力装置、控制装置、安全带收紧结构、防逆转结构等部件组成,具体分类可以分为内安全带总成和外安全带总成,见图20-1。

❷ 预紧式安全带的作用

当汽车发生碰撞事故的一瞬间,乘员尚未向前移动时预紧式安全带系统就会首先拉紧织带,立即将乘员紧紧地绑在座椅上,然后锁止织带防止乘员身体前倾,有效保护乘员的安全。

❸ 预紧式安全带的主要部件

(1)传感器。与SRS安全气囊系统共用。一旦检测到来自前方的冲击高于规定值时,预紧式安全带与SRS安全气囊系统会同时启动。

(2)动力装置。由用于点火的加热器、点火剂、推动剂、活塞等组成。动力装置根据来自传感器的信号点火。利用产生的气压推动活塞,从而生成拉紧安全带的动力。对预拉紧装置中最重要的推动剂中添加了具有良好耐热性和耐久性的成分。

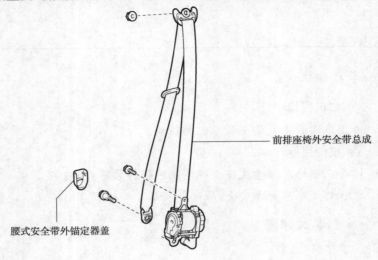

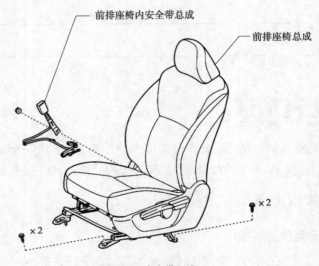

图20-1 安全带组成

(3)控制装置。控制装置分有两种:一种是电子式控制装置,由电子控制单元(ECU)检测到汽车加速度的不正常变化,经过电脑处理将信号发至卷收器的控制装置,激发预拉紧装置工作,这种预紧式安全带通常与辅助安全气囊组合使用;另一种是机械式控制装置,由传感器检测到汽车加速度的不正常变化,控制装置激发预拉紧装置工作,这种预紧式安全带可以单独使用。

(4)安全带收紧装置。安全带穿过固定齿轮和移动齿轮之间,通常情况下使用不会产生任何阻力。动力装置启动后产生的推力,通过滑轮转换成回转运动。另外,可动齿轮转动的同时夹住与固定齿轮之间的安全带,从而边转动边拉紧安全带。

(5)防逆转装置。一旦收紧安全带,乘客安全带的张力则会使防反向转动齿轮保持咬合状态。为了确保防止反向转动,在齿轮的4个部位进行咬合,因此其具有优良的性能和高度的可靠性。

❹ 预紧式安全带的启动过程

发生碰撞时,传感器一旦检测到前方碰撞参数高于规定值,电信号即被传送到动力装置的电子点火器,完成预紧式安全带的启动。在乘客因碰撞向前方移动之前,预紧式安全带收紧并保持该状态。使乘客能够牢固地坐在座椅上。当安全带尚未松弛时,安全带收紧约50mm,若安全带有些松弛的话,安全带最大会收紧约100mm。另外,安全带的拉紧负荷设置程度需不会伤害乘客。

二 任务实施——汽车预紧式安全带系统的拆装及更换

❶ 准备工作

(1)丰田卡罗拉轿车(或其他车型车辆)一辆。
(2)丰田卡罗拉轿车(或相应车型)维修手册一本。
(3)专用工具一套。

❷ 技术要求与注意事项

(1)断开连接器时,只能拉连接器自身,而非线束。
(2)使用指定或推荐的工具和维修方法,在开始操作前要确保维修技术人员的安全,并确定不会造成人员伤害或客户车辆损坏。
(3)如果需要更换零件,则必须换上具有相同零件号的零件或相当的零件,切不可采用劣质零件。
(4)注意拆卸前排座椅外安全带总成的注意事项。
①当检查发生碰撞的车辆时,无论安全带系统是否在碰撞中被激活,务必检查所有安全带系统,更换任何损坏或出故障的系统或零件(外安全带、内安全带、螺栓、螺母、可调节肩锚、系带锚定器固件和其他相关零件)。
②试车时要在安全区域进行本测试。
(5)在安装前检查安全带总成。

❸ 操作步骤

1)前排座椅内安全带总成的拆卸
(1)从蓄电池负极端子断开电缆。

断开电缆后等待90s,以防止气囊展开;断开蓄电池电缆后重新连接时,某些系统需要初始化。

(2)拆卸左侧座椅外滑轨盖。

①拉起座椅滑轨调节手柄并将座椅移动到最前位置。
②脱开2个卡爪并拆下座椅外滑轨盖,见图20-2。
(3)拆卸左侧座椅内滑轨盖。
①脱开卡爪。
②脱开导销并拆下座椅内滑轨盖,见图20-3。

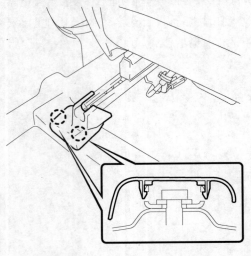 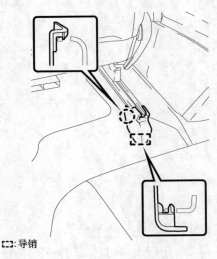

图20-2　脱开2个卡爪并拆下座椅外滑轨盖　　　图20-3　脱开导销并拆下座椅内滑轨盖

(4)拆卸前排座椅总成,见图20-4。
①拆下座椅后侧的2个螺栓。
②拉起座椅滑轨调节手柄并将座椅移动到最后位置。
(5)拆卸前排座椅内安全带总成。
①断开各个连接器和卡夹。
②拆下螺母和前排座椅内安全带总成,见图20-5。

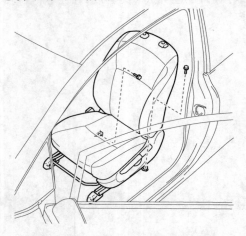

图20-4　拆卸前排座椅总成　　　图20-5　拆下螺母和前排座椅内安全带总成

③拆下座椅前侧的2个螺栓,见图20-6。

④拉起座椅滑轨调节手柄并将座椅移动到中间位置。同时,操作靠背倾角调节器释放手柄并将座椅靠背移动到直立位置。
⑤断开座椅下面的连接器。
⑥拆下座椅。

　　小心不要损坏车身。

2)前排座椅外安全带总成的拆卸
(1)从蓄电池负极端子断开电缆。

　　断开电缆后等待90s,以防止气囊展开;断开蓄电池电缆后重新连接时,某些系统需要初始化。

(2)拆卸前车门防磨板。
脱开8个卡爪,并拆下前车门防磨板,见图20-7。

图20-6　拆下座椅前侧的2个螺栓　　　　　图20-7　拆下前车门防磨板

(3)拆卸后车门防磨板。
脱开10个卡爪,并拆下后车门防磨板,见图20-8。
(4)断开前门开口装饰密封条,见图20-9。
(5)断开后门开口装饰密封条,见图20-10。
(6)拆卸腰式安全带外锚定器盖。
脱开3个卡爪并拆下腰式安全带外锚定器盖,见图20-11。
(7)断开前排座椅外安全带总成。
拆下螺栓并断开前排左侧座椅外安全带总成的地板端,见图20-12。

(8)拆卸中柱下装饰板。

脱开2个卡爪和2个卡子,并拆下左侧中柱下装饰板,见图20-13。

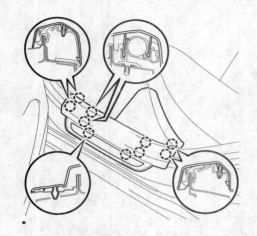

图20-8 拆下后车门防磨板

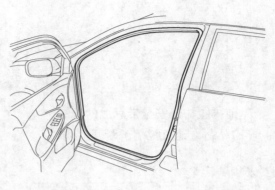

图20-9 断开前门开口装饰密封条

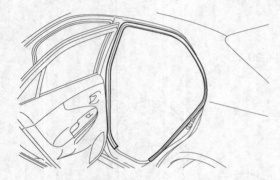

图20-10 断开后门开口装饰密封条

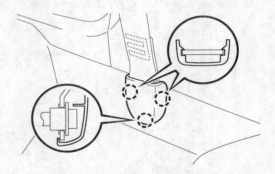

图20-11 拆下腰式安全带外锚定器盖

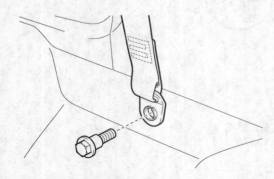

图20-12 断开前排左侧座椅外安全带总成的地板端

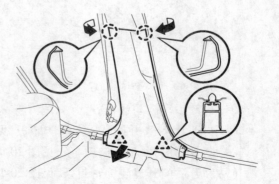

图20-13 拆卸中柱下装饰板

(9)拆卸中柱上装饰板。

①拆下2个螺钉。

②使用卡子拆卸工具,脱开卡子并拆下左侧中柱上装饰板,见图20-14。

（10）拆卸前排座椅外安全带总成。

①拆下螺母并断开肩锚，见图20-15。

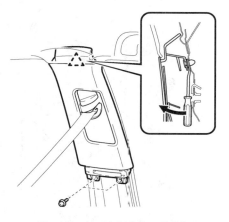
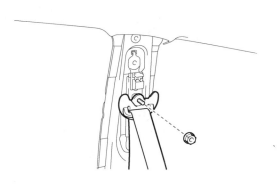

图20-14　拆下左侧中柱上装饰板　　　　图20-15　拆下螺母并断开肩锚

②断开预紧器连接器，见图20-16。

③拆下2个螺栓和前排座椅外安全带总成，见图20-17。

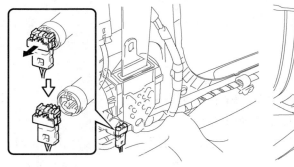
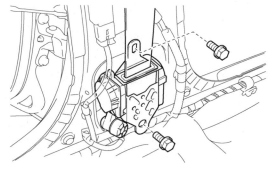

图20-16　断开预紧器连接器　　　　图20-17　拆下2个螺栓和前排座椅外安全带总成

（11）拆下2个螺栓和前排肩式安全带锚定器调节器总成，见图20-18。

3）前排座椅内安全带总成的安装

（1）安装前排座椅内安全带总成。

①用螺母安装前排座椅内安全带总成，拧紧力矩为41N·m。

 小贴士

不要使安全带的锚定器部分和座位调节器的凸出部分重叠。

②连接各个连接器和卡夹，见图20-19。

（2）安装前排座椅总成，见图20-20。

①将前排座椅总成放入车舱内。

汽车车身电气系统拆装

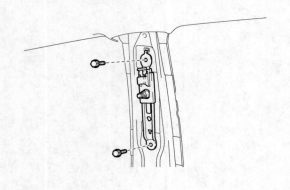

图 20-18　拆前排肩式安全带锚定器调节器总成

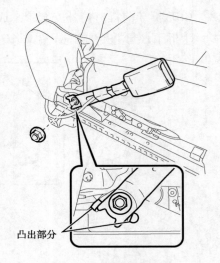

凸出部分

图 20-19　连接各个连接器和卡夹

小心不要损坏车身。

②连接座椅下面的连接器。
③用 4 个螺栓临时安装前排座椅总成。
④拉起座椅滑轨调节手柄并将座椅移动到最后位置。
⑤按图 20-20 所示顺序紧固座椅前侧的 2 个螺栓，拧紧力矩为 37N·m。
⑥拉起座椅滑轨调节手柄并将座椅移动到最前位置。
⑦按图 20-21 所示顺序紧固座椅后侧的 2 个螺栓，拧紧力矩为 37N·m，见图 20-21。

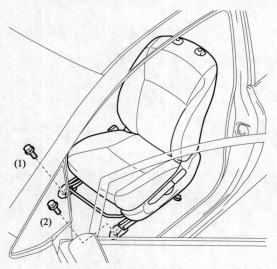

图 20-20　安装前排座椅总成

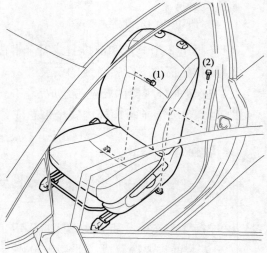

图 20-21　紧固座椅后侧的 2 个螺栓

(3)检查前排座椅滑动调节器锁止情况。

在前排座椅的滑动操作过程中,检查并确认左右调节器一起平稳移动且同时锁止。如果座椅调节器未同时锁止,松开座椅固定螺栓以便调节调节器的位置。

(4)安装左侧座椅外滑轨盖。

①插入导销。

②接合卡爪并安装座椅外滑轨盖。

(5)安装左侧座椅内滑轨盖,见图20-22。

(6)将电缆连接到蓄电池负极端子上。

> 断开蓄电池电缆后重新连接时,某些系统需要初始化。

(7)检查SRS警告灯。

4)前排座椅外安全带总成的安装

(1)使调节器定位孔与卡爪接合,并用2个螺栓安装前排肩式安全带锚定器调节器总成,拧紧力矩为41N·m,见图20-23。

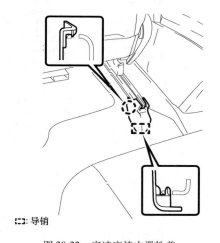

图20-22 安装座椅内滑轨盖

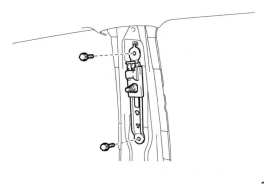

图20-23 安装前排肩式安全带锚定器调节器总成

(2)安装前排座椅外安全带总成。

> 切勿拆解卷收器。

①用2个螺栓安装前排座椅外安全带总成,螺栓<A>的拧紧力矩为5N·m,螺栓<B>的拧紧力短为41N·m,见图20-24。

②连接预紧器连接器,见图20-25。

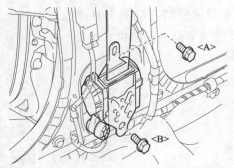

图 20-24　安装前排座椅外安全带总成

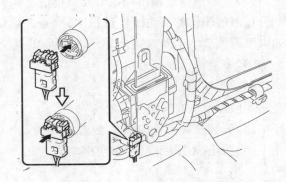

图 20-25　连接预紧器连接器

③用螺栓安装安全带肩锚螺栓，拧紧力矩为 41N·m，见图 20-26。

（3）安装中柱上装饰板。

①接合卡子。

②用 2 个螺钉安装左侧中柱上装饰板，见图 20-27。

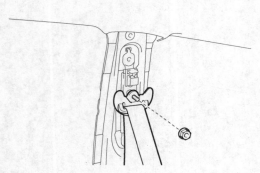

图 20-26　安装安全带肩锚

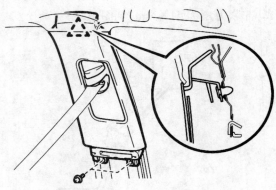

图 20-27　安装中柱上装饰板

（4）安装中柱下装饰板，见图 20-28。

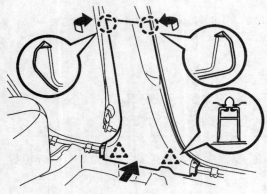

图 20-28　安装中柱下装饰板

接合 2 个卡爪和 2 个卡子，并安装左侧中柱下装饰板。

（5）连接前排座椅外安全带总成，见图 20-29。

用螺栓安装前排左侧座椅外安全带总成的地板端，拧紧力矩为 41N·m。

（6）安装腰式安全带外锚定器盖。

接合 3 个卡爪并安装腰式安全带外锚定器盖，见图 20-30。

（7）安装后门开口装饰密封条。

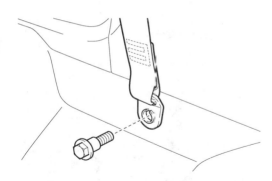
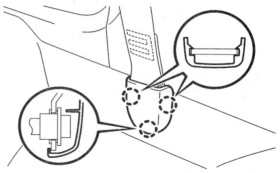

图 20-29　连接前排座椅外安全带总成　　　　图 20-30　安装腰式安全带外锚定器盖

将密封条上的定位标记(黄色)与图中箭头所示的车身上的凸出部分对准,并安装左后车门开口装饰密封条,见图 20-31。

安装后,检查并确认拐角安装到位。

(8)安装前门开口装饰密封条。

将密封条上的定位标记(粉红色)与图中箭头所示的车身上的凸出部分对准,并安装左前车门开口装饰密封条,见图 20-32。

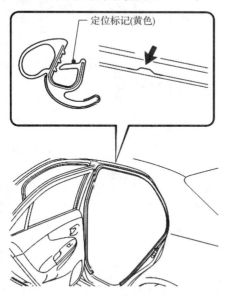
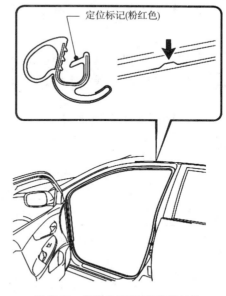

图 20-31　安装后门开口装饰密封条　　　　图 20-32　安装前门开口装饰密封条

安装后,检查并确认拐角安装到位。

(9)安装后门防磨板,见图20-33。
(10)安装前门防磨板,见图20-34。

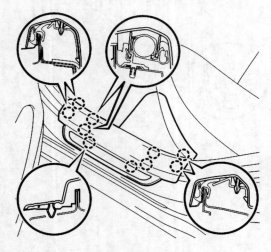
图20-33　安装后门防磨板

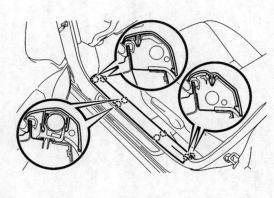
图20-34　安装前门防磨板

(11)将电缆连接到蓄电池负极端子。

> 断开蓄电池电缆后重新连接时,某些系统需要初始化。

(12)检查SRS警告灯。

三　学习拓展——前排座椅内安全带总成的检测

1　检测前排座椅内安全带

根据表20-1中的值测量电阻,检查前排座椅内安全带,见图20-35。如检测结果不符合规定,则更换内安全带总成。

测 量 标 准　　　　　　　　　　　　　　　　表20-1

检测仪连接	条　件	规定状态
1-2	安全带未拉紧(向乘员检测传感器施加大于29N(3.0kgf,6.5lbf)的力)	小于100Ω
1-2	安全带已拉紧(向乘员检测传感器施加大于29N(3.0kgf,6.5lbf)的力)	1MΩ或更大

2　检测乘员检测传感器

根据表20-2中的值测量电阻,检测乘员检测传感器,见图20-36。若检测结果不符合规定,则更换前排座椅坐垫软垫。

项目五　汽车电子安全系统的拆装

测量标准　　　　　　　　　　　　　　　　　　　　　　　　　表20-2

条　件	规定状态
向乘员检测传感器施加大于29N(3.0kgf,6.5lbf)的力	小于100Ω
座椅未坐乘客	1MΩ 或更大

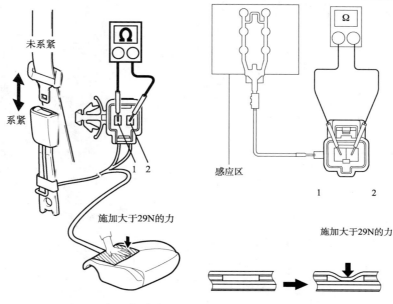

图20-35　检测前排座椅内安全带　　　　图20-36　检测乘员检测传感器

3　检测前排座椅外安全带

检测前排座椅外安全带总成,见图20-37。

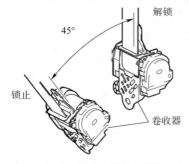

图20-37　检测前排座椅外安全带总成

切勿拆解卷收器。

在安装外安全带之前,检查卷收器。当卷收器的倾角小于等于15°时,检查并确认安全带能从卷收器中拉出。当卷收器的倾角大于45°时,检查并确认安全带锁止。若检测结果不符合规定,则更换外安全带总成。

四　评价与反馈

1　自我评价与反馈

(1)通过本学习任务的学习,你是否已经知道以下问题。
①汽车安全带由哪些作用?

汽车车身电气系统拆装

②汽车安全带由哪些部分组成呢？
_____

(2)汽车安全带的拆装操作过程中用到了哪些工具？
_____

(3)学习了本实训任务,你掌握了哪些内容？
_____

(4)通过本学习任务的学习,你认为自己的知识和技能还有哪些欠缺？
_____

签名：_____ ____年____月____日

② 小组评价与反馈(表20-3)

小组评价表　　　　　　　　　表20-3

序号	评价项目	评价情况
1	着装是否符合要求	
2	是否能合理规范地使用仪器和设备	
3	是否按照安全和规范的流程操作	
4	是否遵守学习、实训场地的规章制度	
5	是否能保持学习、实训场地整洁	
6	团结协作情况	

参与评价的同学签名：_____ ____年____月____日

③ 教师评价及反馈

_____
_____

教师签名：_____ ____年____月____日

五 技能考核标准(表20-4)

技能考核标准表　　　　　　　　表20-4

序号	项目	操作内容	规定分	得分
1	前排座椅内安全带总成的拆卸	从蓄电池负极端子断开电缆	2.5分	
		拆卸左侧座椅外滑轨盖	2.5分	
		拆卸左侧座椅内滑轨盖	2.5分	
		拆卸前排座椅总成	2.5分	
		拆卸前排座椅内安全带总成	2.5分	

项目五　汽车电子安全系统的拆装

续上表

序号	项　　目	操 作 内 容	规定分	得分
2	前排座椅外安全带总成的拆卸	从蓄电池负极端子断开电缆	2.5分	
		拆卸前车门防磨板	2.5分	
		拆卸后车门防磨板	2.5分	
		断开前门开口装饰密封条	2.5分	
		断开后门开口装饰密封条	2.5分	
		拆卸腰式安全带外锚定器盖	2.5分	
		断开前排座椅外安全带总成	5分	
		拆卸中柱下装饰板	2.5分	
		拆卸中柱上装饰板	2.5分	
		拆卸前排座椅外安全带总成	2.5分	
		拆卸前排肩式安全带锚定器调节器总成	5分	
3	前排座椅内安全带总成的安装	安装前排座椅内安全带总成	2.5分	
		安装前排座椅总成	2.5分	
		检查前排座椅滑动调节器锁止情况	5分	
		安装左侧座椅外滑轨盖	2.5分	
		安装左侧座椅内滑轨盖	2.5分	
		将电缆连接到蓄电池负极端子上	2.5分	
		检查SRS警告灯	2.5分	
4	前排座椅外安全带总成的安装	安装前排肩式安全带锚定器调节器总成	2.5分	
		安装前排座椅外安全带总成	2.5分	
		安装中柱上装饰板	2.5分	
		安装中柱下装饰板	2.5分	
		连接前排座椅外安全带总成	2.5分	
		安装腰式安全带外锚定器盖	2.5分	
		安装后门开口装饰密封条	2.5分	
		安装前门开口装饰密封条	2.5分	
		安装后门防磨板	2.5分	
		安装前门防磨板	2.5分	
		将电缆连接到蓄电池负极端子	2.5分	
		检查SRS警告灯	2.5分	
5	安全操作及工具使用	操作是否符合安全操作规程,工具使用是否规范	2.5分	
6	执行5S操作	是否按照规定整理清洁场地	2.5分	
		总分	100分	

汽车车身电气系统拆装

学习任务 21　汽车防滑控制及制动器执行器的拆装及更换

学习目标

★ **知识目标**

知道汽车防滑控制及电子制动系统结构及组成。

★ **技能目标**

1. 能正确地对汽车防滑控制及电子制动执行器进行分解与连接；
2. 知道怎样更换制动液。

建议课时

5课时。

任务描述

某客户的丰田卡罗拉轿车在行车制动过程中，行车制动器跑偏且制动效果不好，经过检查确定为制动器执行器故障，因此需对防滑制动系统的制动器执行器进行拆解与更换，以保证行车安全。

一　理论知识准备

1 防抱死制动系统（ABS，图21-1）

防滑控制ECU位于制动器执行器总成内。横摆率传感器和加速度传感器组合在同一单元内。该单元通过CAN通信与防滑控制ECU通信。

（1）作用。

用力踩下制动器或在打滑路面制动时，ABS有助于防止车轮抱死。

（2）工作原理。

项目五 汽车电子安全系统的拆装

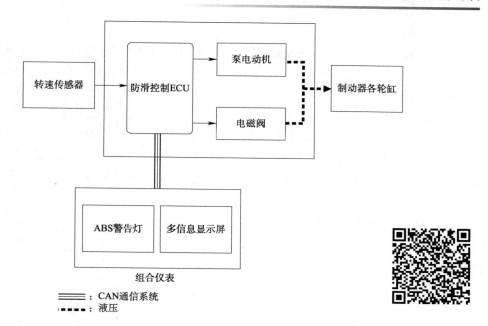

图 21-1 防抱死制动系统

防滑控制 ECU 根据从车轮转速传感器接收到的转速信号，检测车轮抱死情况。根据这些信息，防滑控制 ECU 控制泵电动机和电磁阀。泵电动机和电磁阀通过控制施加到每个车轮制动器上的液压，防止车轮抱死。系统故障时，ABS 警告灯将亮起并且多信息显示屏上将显示警告信息。

❷ **电子制动力分配**（EBD，图 21-2）

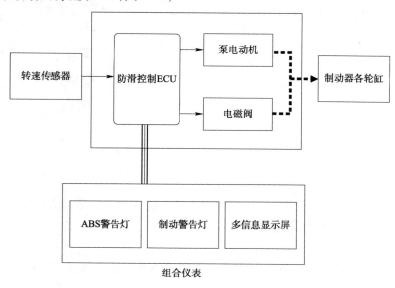

图 21-2 电子制动力分配

(1) 作用。

电子制动力分配(EBD)的控制利用 ABS,根据行驶状态在前后轮之间合理分配制动力。当车辆转弯采取制动时,它还控制左右轮的制动力,以帮助稳定车辆的行驶。

(2) 原理。

防滑控制 ECU 接收来自各车轮转速传感器的转速信号,并使用这些信号检测车轮抱死情况。ECU 使用该信息,以对电磁阀进行适当的控制。电磁阀通过控制施加在各车轮制动缸上的液压,并利用电磁阀来控制制动力在前后、左右四个车轮制动器之间的分配。如果 EBD 有故障,ABS 警告灯和制动警告灯将亮起并且多信息显示屏上将显示警告信息。

❸ 制动辅助(BA,图 21-3)

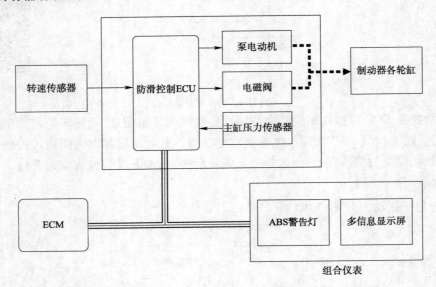

图 21-3 制动辅助

(1) 作用。

制动辅助系统的主要作用是为不能在紧急制动过程中产生足够大制动力的驾驶员提供辅助制动力,使车辆的制动性能达到最佳。

(2) 工作原理。

防滑控制 ECU 通过接收来自各个转速传感器的转速信号和主缸压力传感器的液压信号,决定是否需要制动辅助。如果需要制动辅助,防滑控制 ECU 向电动机和电磁阀发送控制信号,然后泵电动机和电磁阀控制施加到各轮缸上的压力。

ABS 警告灯将亮起并且多信息显示屏上将显示警告信息,以指示 BA 系统出现故障。

4 牵引力控制（TRC，图 21-4）

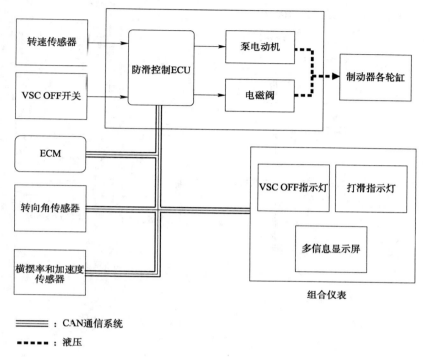

图 21-4　牵引力控制

（1）作用。

在光滑的路面上起动或加速时，如果驾驶员过度踩下加速踏板，TRC 系统有助于防止驱动轮打滑。

（2）原理。

防滑控制 ECU 通过 CAN 通信系统，接收来自各个转速传感器和 ECM 的信号来检测车轮打滑情况。防滑控制 ECU 通过 CAN 通信系统，发送信号至 ECM，以控制发动机转矩。防滑控制 ECU 通过泵电动机和电磁阀，控制制动液压。系统工作时打滑指示灯闪烁。TRC 系统出现故障时，VSC OFF 和打滑指示灯将亮起或多信息显示屏上显示 DTC。

5 车辆稳定性控制（VSC，图 21-5）

（1）作用。

VSC 系统有助于防止车辆在转弯时因前轮或后轮严重打滑而导致横向滑移。

（2）原理。

防滑控制 ECU 根据来自车轮转速传感器、横摆率和加速度传感器及转向角传感器的信号，确定车辆的工作状态。防滑控制 ECU 通过 CAN 通信系统，发送信号至 ECM，以控制发动机转矩。防滑控制 ECU 通过泵电动机和电磁阀，控制制动液压。系统工作时，打滑指示灯闪烁且防滑控制蜂鸣器鸣响。如果 VSC 系统中出现故障，VSC OFF 和打滑指示灯将亮起。此外，DTC 将在多信息显示屏上出现。

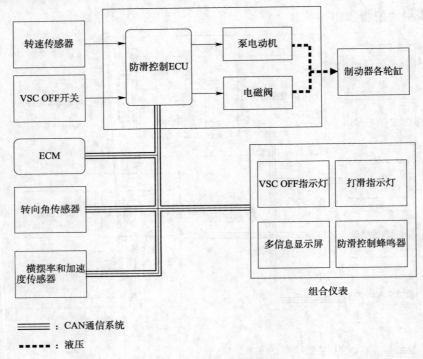

图 21-5　车辆稳定性控制

二 任务实施——汽车防滑控制及制动器执行器的拆装及更换

❶ 准备工作

(1)丰田卡罗拉轿车(或其他车型车辆)一辆。

(2)丰田卡罗拉轿车(或相应车型)维修手册一本。

(3)拆装工具一套。

❷ 技术要求与注意事项

(1)除非另有要求,否则不要拆卸或安装诸如转向角传感器或横摆率传感器(包括加速度传感器)等 VSC 零件,因为这些零件在拆下和安装后需重新标定调整。

(2)对 VSC 系统进行操作时,确保按照维修手册中的方法在工作前做好准备工作,并在工作完成后进行确认。

(3)除非检查程序中有特殊规定,否则应确保在发动机关闭的情况下拆下和安装ECU、制动器执行器和各传感器等。

(4)如果 ECU、制动器执行器或传感器已被拆下并安装,有必要在重新装配零件后检查系统是否有故障。使用智能检测仪检查 DTC,并使用测试模式检查并确认系统功能和ECU 接收到的信号正常。

❸ 操作步骤

1)制动器执行器(带 VSC)的拆卸

（1）从蓄电池负极端子断开电缆。

> 小贴士
>
> 断开电缆后重新连接时，某些系统需要初始化。

（2）拆卸前刮水器臂端盖，见图21-6。
（3）拆卸左前刮水器臂和刮水片总成，见图21-7。

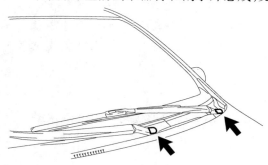

图21-6　拆卸前刮水器臂端盖

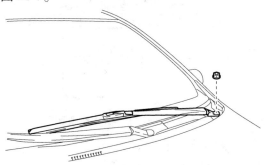

图21-7　拆卸左前刮水器臂和刮水片总成

（4）拆卸右前刮水器臂和刮水片总成，见图21-8。
（5）拆卸发动机舱盖前围上板密封，见图21-9。
（6）拆卸前围右上通风栅板，见图21-10。
（7）拆卸前围左上通风栅板，见图21-11。
（8）拆卸风窗玻璃刮水器电动机及连杆，见图21-12。

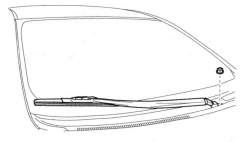

图21-8　拆卸右前刮水器臂和刮水片总成

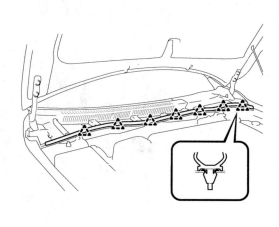

图21-9　拆卸发动机舱盖前围上板密封

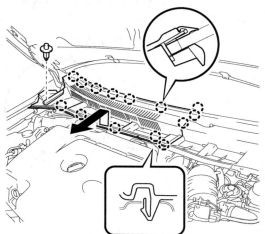

图21-10　拆卸前围右上通风栅板

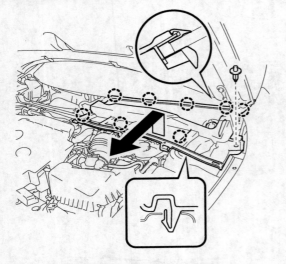
图 21-11 拆卸前围左上通风栅板

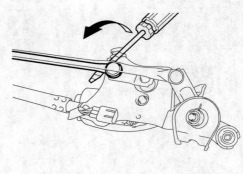
图 21-12 拆卸风窗玻璃刮水器电动机及连杆

(9)拆卸前围上外板。
(10)拆卸 2 号汽缸盖罩。
(11)拆卸空气滤清器盖分总成。
(12)拆卸空气滤清器壳。
(13)断开 ECM 线束,见图 21-13。
①抬起锁杆并断开 ECM 连接器。
②断开卡夹。
(14)排净制动液。

> 如果制动液粘到任何涂漆表面时应立即将其清除。

(15)拆卸带支架的制动器执行器,见图 21-14。

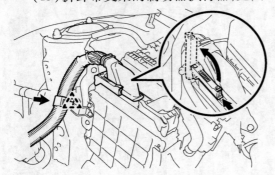
图 21-13 断开 ECM 连接器

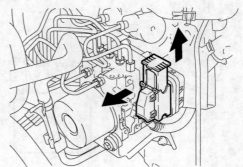
图 21-14 拆卸制动执行器

①松开锁杆并断开制动器执行器连接器。

 小贴士

小心不要使制动液进入已拆下的连接器。

②用连接螺母扳手(10mm)从带支架的制动器行器上断开6个制动管路,见图21-15。
③使用标签或做好记录,以识别重新连接时的位置,见图21-16。

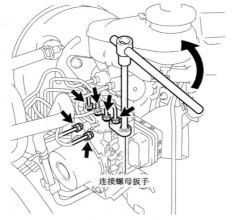

图21-15 拆卸制动管路

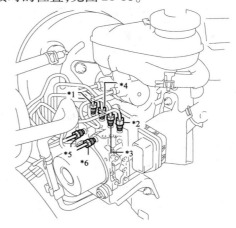

图21-16 用标签做好记录

 小贴士

1-至右前轮缸;2-至左前轮缸;3-至右后轮缸;4-至左后轮缸;5-从1号主缸;6-从2号主缸。

④分离带卡夹的制动管路和带3号燃油管路卡夹的燃油管。
⑤从车身上拆下3个螺母和带支架的制动器执行器,见图21-17。

 小贴士

不要损坏制动管路或线束。

(16)从制动器执行器支架总成上拆下4个螺栓和制动器执行器。
2)制动器执行器(带VSC)的安装
(1)安装制动器执行器,见图21-18。
用4个螺栓将制动器执行器安装至制动器执行器支架总成。

 小贴士

因为制动器执行器加注有制动液,安装新制动器执行器前不要拆下孔塞。

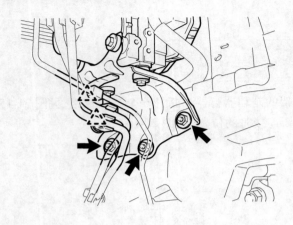

图 21-17 拆卸螺母和执行器

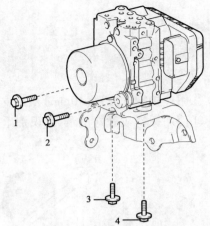

图 21-18 安装制动执行器

①按 1 至 4 的顺序拧紧 4 个螺栓。
②不能用连接器移动执行器。
(2) 安装带支架的制动器执行器,见图 21-19。
①用 3 个螺母将带支架的制动器执行器安装至车身。

> **小贴士**
>
> (1) 不要损坏制动管路或线束。
> (2) 按 1 至 3 的顺序拧紧 3 个螺母。

②用卡夹安装制动管路,用 3 号燃油管路卡夹安装燃油管路。
③将各制动管路暂时紧固到带支架的制动器执行器的正确位置上,见图 21-20。

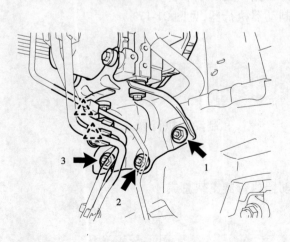

图 21-19 安装执行器

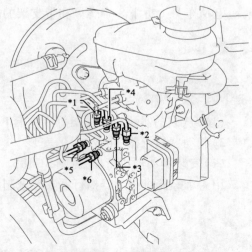

图 21-20 固定制动管路

项目五 汽车电子安全系统的拆装

> **小贴士**
>
> 1-至右前轮缸;2-至左前轮缸;3-至右后轮缸;4-至左后轮缸;5-从1号主缸;6-从2号主缸

④用连接螺母扳手(10mm)完全紧固各制动管路,见图21-21。

> **小贴士**
>
> (1)使用力臂长度为250mm的扭力扳手。
> (2)当连接螺母扳手与扭力扳手平行时,扭矩值有效。

⑤连接制动器执行器连接器,见图21-22。

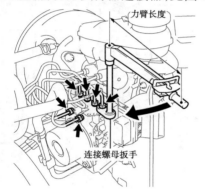
图21-21 固定制动管路

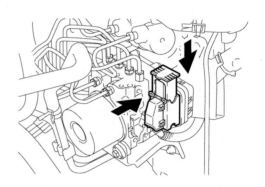
图21-22 连接执行器连接器

> **小贴士**
>
> (1)确保连接器牢固锁紧。
> (2)确保执行器连接器平稳连接;不要使水、油或污物等进入。

(3)连接ECM线束。
①连接ECM连接器并用锁杆锁紧连接器。
②断开卡夹。
(4)安装空气滤清器壳,见图21-23。
(5)安装空气滤清器盖分总成,见图21-24。
(6)安装2号汽缸盖罩,见图21-25。
(7)安装前围上外板,见图21-26。
(8)安装风窗玻璃刮水器电动机及连杆,见图21-27。
(9)安装前围板左上通风栅板,见图21-28。

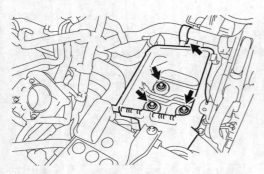

图 21-23　安装空气滤清器壳

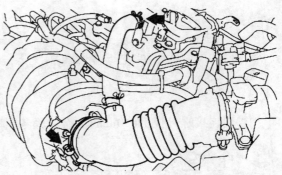

图 21-24　安装空气滤清器盖分总成

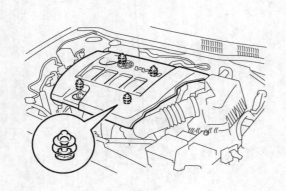

图 21-25　安装 2 号汽缸盖罩

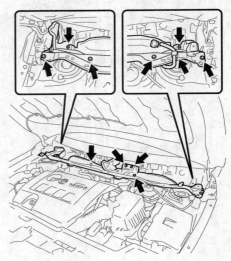

图 21-26　安装前围上外板

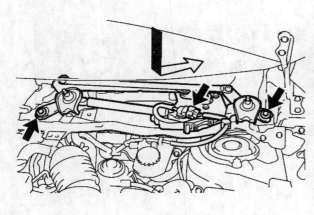

图 21-27　安装风窗玻璃刮水器电动机及连杆

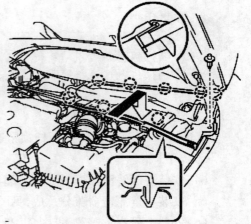

图 21-28　安装前围板左上通风栅板

(10) 安装前围板右上通风栅板，见图 21-29。

(11) 安装发动机舱盖至前围上板密封，见图 21-30。

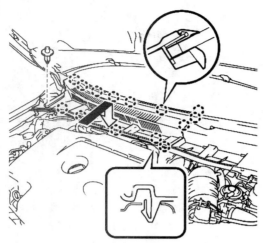

图 21-29　安装前围板右上通风栅板　　　　图 21-30　安装发动机舱盖至前围上板密封

（12）安装右前刮水器臂和刮水片总成。
（13）安装左前刮水器臂和刮水片总成。
（14）给储液罐加注制动液，见图 21-31。
（15）对制动主缸进行放气，见图 21-32。

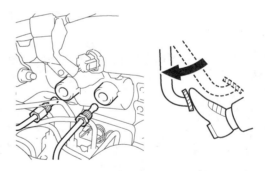

图 21-31　给储液罐加注制动液　　　　图 21-32　对制动主缸进行放气

（16）对制动管路进行放气，见图 21-33。
（17）对制动器执行器进行放气，见图 21-34。

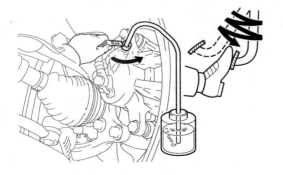
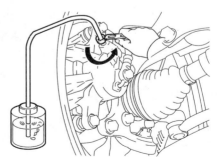

图 21-33　对制动管路进行放气　　　　图 21-34　对制动器执行器进行放气

（18）检查储液罐中的制动液液位。

（19）检查制动液是否泄漏。

（20）将电缆连接至蓄电池负极端子。

 小贴士

断开电缆后重新连接时，某些系统需要初始化。

（21）用智能检测仪检查制动器执行器。

（22）执行横摆率和加速度传感器零点校准。

（23）检查和清除 DTC。

三　学习拓展——更换制动液

1. 检查储液罐中的制动液液位

（1）检查液位，见图 21-35。

如果制动液液位低于 MIN 线，检查是否泄漏，并检查盘式制动器衬块。如有必要，维修或更换后重新向储液罐加注制动液。

 小贴士

如果对制动系统执行了任何操作或怀疑制动管路中有空气，应对制动系统进行放气。

 小贴士

（1）对制动系统进行放气前，将换挡杆移至 P 位置并拉紧驻车制动器。

（2）对制动系统进行放气的同时，添加制动液使储液罐的液面保持在 MIN 和 MAX 线之间。

（3）如果制动液泄漏到任何涂漆表面上，应立即将其清洗干净。

（2）滑动发动机舱盖至前围上密封并脱开卡子，见图 21-36。

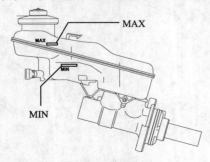
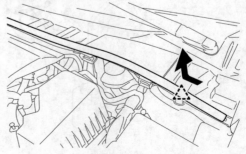

图 21-35　检查液位　　　　　　　　图 21-36　脱开卡子

(3)脱开5个卡爪并拆下中间前围板上通风栅板,见图21-37。

❷ 加注制动液

给储液罐加注制动液,见图21-31。

❸ 对制动主缸进行放气

> 如果主缸重新安装过或储液罐变空,则对主缸进行放气;用抹布或布片盖在涂漆表面上,以防止制动液黏附。

(1)用连接螺母扳手(10mm)从主缸上断开2个制动管路,见图21-38。
(2)缓慢踩下制动踏板并保持。

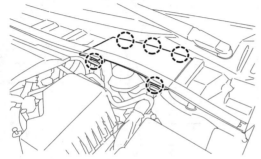

图21-37　拆下通风栅板

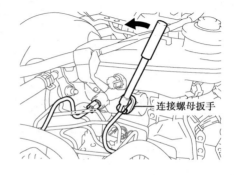

图21-38　断开制动管路

(3)用手指堵住2个外孔,并松开制动踏板。
(4)重复(1)和(2)3或4次。
(5)用连接螺母扳手(10mm)将2个制动管路连接至主缸。
拧紧力矩:不使用连接螺母扳手时为15N·m,使用连接螺母扳手时为14N·m。

> 使用力臂长度为250mm的扭力扳手;当连接螺母扳手与扭力扳手平行时,力矩值有效。

四　评价与反馈

❶ 自我评价与反馈

(1)通过本学习任务的学习,你是否已经知道以下问题。
①汽车防滑控制系统有哪些?

②防滑控制系统的作用是什么?

(2)防滑制动系统的拆装操作过程中用到了哪些设备或工具?

(3)实训过程完成情况如何?

(4)通过本学习任务的学习,你认为自己的知识和技能还有哪些欠缺?

签名:_____　　_____年____月____日

❷ 小组评价与反馈(表21-1)

小组评价表　　　　　　　　　　　　　　　　表21-1

序号	评价项目	评价情况
1	着装是否符合要求	
2	是否能合理规范地使用仪器和设备	
3	是否按照安全和规范的流程操作	
4	是否遵守学习、实训场地的规章制度	
5	是否能保持学习、实训场地整洁	
6	团结协作情况	

参与评价的同学签名:_____　　_____年____月____日

❸ 教师评价及反馈

教师签名:_____　　_____年____月____日

五 技能考核标准(表21-2)

技能考核标准表　　　　　　　　　　　　　　表21-2

序号	项目	操作内容	规定分	得分
1	汽车防滑控制制动器的拆卸	从蓄电池负极端子断开电缆	2分	
		拆卸前刮水器臂端盖	2分	
		拆卸左前刮水器臂和刮水片总成	2分	
		拆卸右前刮水器臂和刮水片总成	2分	
		拆卸发动机舱盖至前围上板密封	2分	
		拆卸前围右上通风栅板	2分	
		拆卸前围左上通风栅板	2分	
		拆卸风窗玻璃刮水器电动机及连杆	4分	

项目五 汽车电子安全系统的拆装

续上表

序号	项　目	操 作 内 容	规定分	得分
1	汽车防滑控制制动器的拆卸	拆卸前围上外板	2分	
		拆卸2号汽缸盖罩	2分	
		拆卸空气滤清器盖分总成	2分	
		拆卸空气滤清器壳	2分	
		断开ECM线束	2分	
		排净制动液	2分	
		拆卸带支架的制动器执行器	4分	
		从制动器执行器支架总成上拆下4个螺栓和制动器执行器	4分	
2	防滑制动制动器的更换	安装制动器执行器	2分	
		安装带支架的制动器执行器	2分	
		连接ECM线束	2分	
		安装空气滤清器壳	2分	
		安装空气滤清器盖分总成	2分	
		安装2号汽缸盖罩	2分	
		安装前围上外板	2分	
		安装风窗玻璃刮水器电动机及连杆	4分	
		安装前围板左上通风栅板	2分	
		安装前围板右上通风栅板	2分	
		安装发动机舱盖至前围上板密封	4分	
		安装右前刮水器臂和刮水片总成	2分	
		安装左前刮水器臂和刮水片总成	2分	
		给储液罐加注制动液	2分	
		对制动主缸进行放气	2分	
		对制动管路进行放气	2分	
		对制动器执行器进行放气	2分	
		检查储液罐中的制动液液位	2分	
		检查制动液是否泄漏	2分	
		将电缆连接至蓄电池负极端子	2分	
		用智能检测仪检查制动器执行器	4分	
		执行横摆率和加速度传感器零点校准	4分	
		检查和清除故障码	2分	
3	验证调整	验证制动器更换效果	2分	
4	安全操作及工具使用	操作是否符合安全操作规程,工具使用是否规范	3分	
5	执行5S操作	是否按照规定整理清洁场地	3分	
		总分	100分	

参考文献

[1] 袁杰. 车身结构及附属设备[M]. 2版. 北京：人民交通出版社，2015.
[2] 中国汽车维修行业协会. 车身修复：模块F[M]. 北京：人民交通出版社，2008.